Nicolao Hemmingio

Euangelia an Festen und Tagen der lieben Heiligen

Nicolao Hemmingio

Euangelia an Festen und Tagen der lieben Heiligen

ISBN/EAN: 9783744621557

Hergestellt in Europa, USA, Kanada, Australien, Japan

Cover: Foto ©Lupo / pixelio.de

Weitere Bücher finden Sie auf **www.hansebooks.com**

Euangelia an
Festen vnd Tagen
der lieben Heili-
gen.

Leipzig.
Bey M. Ernesto Vögelin.

Am tage der Reinigung
Marie / Euangelium/
Luce am 2.

Nd da die tage jrer Reini=
zung nach dem Gesetz Mosi ka=
men/brachten sie jn gen Jerusa=
lem/auff das sie jn darstelleten dem Her
ren. Wie denn geschrieben stehet im Ge
setz des Herren/allerley mänlin/das zum
ersten die mutter bricht/soll dem Herren
a	ij	geheiliget

geheiliget heiſſen. Vnd das ſie geben das
Opffer / nach dem geſagt iſt im Geſetz
des HErren / ein bar Dorteltauben/
oder zwo junge Tauben.

VNd ſihe / ein Menſch war zu Je=
ruſalem mit namen Simeon/ vnd derſel
be Menſch war from vnd Gottfürchtig/
vnd wartet auff den troſt Iſrael. Vnd
der heilige Geiſt war in jm/ Vñ jm war
eine antwort worden von dem heiligen
Geiſt/er ſolte den todt nicht ſehen/er het
te denn zuuor den Chriſt des HErren
geſehen. Vnd kam aus anregen des gei=
ſtes in den Tempel.

Vnd da die eltern das kind Iheſum
in den Tempel brachten/ das ſie für jn
theten/wie man pflegt nach dem Geſetz/
Da nam er jn auff ſeine arm/vnd lobete
Gott/vnd ſprach.

HErr/ Nu leſſeſtu deinen diener im
friede faren/wie du geſaget haſt.

DEnn meine augen haben deinen
Heiland geſehen / Welchen du bereitet
haſt/für allen Völckern.

EIn liecht zu erleuchten die Heiden/
vnd

vnd zum preiß deines Volcks Jsrael.

Erklerung des Texts.

JN diesem Euangelio wird gehandelt ein
theil der geschichten Christi/ nemlich/ wie
er im Tempel nach dem Gesetz Mosi/ sey ge=
opffert worden/ vnd wie Simeon ein fromer
gerechter Man/Jhesum den Sohn Marie/für
den waren Messiam erkennet habe/ aus einge=
bung des heiligen Geistes/ von welchem er eine
antwort bekommen hatte/er solte nicht ehe ster
ben / er hette denn zuuor mit sichtlichen augen
den Herrn Christum gesehen/Vnd als er jn sa=
he/nam er jn auff seine arm/vnd segnet jn/nach
solchem beweiset er seine danckbarkeit gegen
Gott/mit einem andechtigen Gesange. Hie
sollen wir vns widerumb zu gemüt füren / was
wir biß anher von Christo gehöret haben / auff
das wir die gantze geschicht von jm wissen. Ha=
ben derhalben erstlich gehört von seiner herrli=
chen geburt / das er geboren sey zu Bethlehem.
Zum andern/von seiner Beschneidung / das er
am achten tage sey beschnitten worden. Zum
dritten/wie er von den Weisen erkand vnd ver=
ehret sey worden. Nu folget seine auffopffe=
rung im Tempel / welche nach erfoderung des
Gesetzes geschach/als sechs wochen/nach seiner
Geburt/ vergangen waren.

Der Artickel hierinnen sind drey/
a iij   1. Die=

Am tage der

1. Die opfferung Christi im Tempel.
2. Simeonis Beschreibunge vnd segen.
3. Simeonis Lobgesang.

Vom Ersten.

ES hatte Gott im alten Testament man=
cherley breuch vnd gewonheiten zu opffern ge=
ordnet/vnd solchs zwar nicht darumb/das durch
solche werck des opfferns die Menschen für
Gott solten gerecht werden. Deñ so der Ochs=
sen vnd Böcke blut hette können die sünde til=
gen/so were Christus nicht ins fleisch kommen/
auff das er durch das opffer seines leibs die sün=
de außfegte vnd tilgete/Sondern es sind andere
vrsachen gewest/als nemlich diese.

DIe erste/auff das die Abgötterey der Hei
den durch solche vbung verhindert vnd auffge=
haben würde. Denn weil alle Menschen/wie
grob vnd wilde sie auch sein mögen/Gott zu die
nen eine lust vnd andacht haben/wollen sie nach
jrem gutdüncken Gottesdienste erdencken vnd
stifften.Weil aber Gott kein Gottesdienst ge=
felt/denn der/den er selbs geordnet/so hat Gott
durch Mosen selbs mancherley Gottesdienste
gestifftet/auff das durch solche menge der Cere=
monien/so Gott geordnet hatte/das Jüdische
volck von der Abgötterey abgezogen würde/vnd
diente nur dem einigen Gott/der sie auß Egyp=
tenland

tenland geführet/ vñ andere vnzehliche viel wol=
thatẽ leibliche vnd geistliche jnen erzeiget hatte.

DIe andere/ auff das durch solche eusserli=
che vbung der jnnerlichen Gottseligkeit ein hülf
fe geschehen möchte. Denn die eusserliche opffer
sind an sich selbs kein Gottesdienst/sondern sind
nur eine anreitzung zum waren Gottesdienst/
Wie denn solches offenbar wird aus dem Pro=
pheten Esaia/da Gott der Herr die eusserlichen
opffer/so ohne jnnerliche des hertzens frömigkeit
geschehen/als einen grewel verwirfft.

DIe dritte/Auff das offentliche zeugnis=
sen der dancksagungen gehalten würden / dar=
durch das Jüdische volck erwecket/ vnd geste=
cket würde/ vnd offenbarlich bezeugete / das sie
allein den Gott ehreten/ der sie ins land Lana=
an geführet/ vnd in der Wüsten wunderbarlich
gespeiset hatte.

DIe vierde/Auff das das ampt des worts
hierdurch bestetiget würde/ Nemlich/ das die
Kirchendiener vnd Priester etwas hetten/ dar=
uon sie sich ernehrten. Wer dem Altar dienet/
spricht Paulus/der sol sich vom Altar nehren.
Vnd Christus spricht / Ein Erbeiter ist seines
lohns werth. Diese weise hatten sie für zeiten
in der Kirchen/ wenn sie zusamen kamen Got=
tes wort zu hören/ oder die Sacrament zu hal=
ten/ so schossen die Christen etwas zusamen/
ein jeglicher nach seinem vermügen / auff
a iiij das

das die diener des Worts/vnd die Armen möch
ten vnterhalten werden. Welche samlung her=
nachmals Collecta genennet ward.   Daher
kompt auch die weise/das mā den Zehendē gibt/

DJe fünffte / Das solche alte Opffer eine
figur weren des künfftigen opffers Christi / vnd
gleich als fürboten/ dardurch sie vom künfftigen
Messia erinnert würden. Solches haben die fro
men wol verstanden/ als Abel/ Nohe/ Abra=
ham. Denn sie hieltens nicht darfür/ das sie mit
jren opffern die sünde vnd todt tilgeten/ sondern
verliessen sich auff das opffer Christi/ durch wel
ches krafft auch jre sünde getilget worden. Als
Abel sein Opffer schlachte/ gedachte er also. j.
Da er das blut des opffers ansahe / gedachte er
an die sünde des menschlichē geschlechts/ welchs
den ewigen tod verdienet hatte. 2. Darnach
sihet er auff das / das dardurch bedeutet ward.
Denn hie bedachte er / das sein opffer ein für=
bild were des zugesagten samens/ das ist Christi/
der durch sein eigen opffer die sünde ablegen vnd
tilgen würde. 3. Durch solche betrachtung ward
Abel im glauben gesterckt/ vnd nam zu/ dadurch
er auch für Gott gerechtfertiget vñ gesellig wor
den. 4. Auff solchen glauben erfolgte danck sa=
gung / vnd ein newes leben. Wer auff solche
weise opfferte / der gefiel Gott. Diß sey ge=
sagt in gemein von den opffern des alten Te=
staments/ Nu wil ich auch sagen von form vnd
                                                    art

art der opffer/welches hie in diesem Euangelio
gedacht wird.

Wenn ein kind geboren ward/so waren hier=
auff zwey gebot gegeben. Eins von der Mut=
ter/wie viel wochen sie sich von der Leute ge=
meinschafft enthalten muste. Das ander vom
gebornen kindlein. Der Mutter war diß gebo=
ten/das/wenn sie ein kneblein auff diese Welt
geberen würde/sie sich von den Leuten enthielte
sieben vnd dreissig tage/Wenn aber ein Megd=
lein geboren ward/so ward die zahl der tage ge=
zwifacht/denn sie muste sich ausser der Leute ge=
meinschafft jnne halten vier vnd siebentzig tage/
Welches zwar nicht geschach von wegen des
Weibs vnwirdigkeit/sondern von wegen zweier
anderer vrsachen/nemlich/von wegen der not/
vnd von wegen der Bedeutunge. Die noth er=
foderte/das durch solche weise das Weib wider
zu jrer gesundtheit vnd stercke keme/denn nach
den schmertzen der geburt Bedarff sie ruhe/dar=
mit sie wider könne zu krefften komen. Es sol=
len auch frome Ehemenner solcher schwacheit
halben der Weiber dieselbe zeit vber verschonen.
Auch sollen die Weiber selbst beide von jrent
wegen/darnach auch von anderer wegen/solch
Gesetz der natur halten. Die Bedeutung aber
war diese/das solche absonderung anzeigen sol=
te/das alle die/so von Adam geboren sind/von
Gott außgeschlossen sind/von wegen der sünde
a v in wel=

in welcher sie geboren werden / vnd derhalben bedürffen des Sühnopffers vnsers HErren Christi.

DAs ander gebot belangte das geborne Kind / vnd war auch zweierley / Eins / ein allgemein gebot / Das ander / von den erstgebornen sonderlich.

DAs gemein gebot hielt also / wenn die tage für vber waren / in welchen das Weib von der gemeine abgesondert sein muste / muste man opffern fur den newgebornen son oder tochter / wes standes auch dieselbigen sein mochten. Diß opffer erinnerte erstlich / das die jetzt geborne Kinder sünder waren / vnd derhalben einer reinigung vnd vergebung der sünden bedürfften. Darnach / auff das sie durch solche weise Gott geheiliget würden. Ferner / das die Eltern hieraus lerneten / das sie jre kinder Gott zeugeten / vnd nicht jnen selbst / oder dem Teuffel. Letzlich geschach solchs von wegen der bedeutung / nemlich das sie eine figur des opffers Christi sein solten.

DAs sonderliche gebot von den erstgebornen / betraff beide / Menschen vnd Vieh / das man sie Gott opffern solte. Erstlich zum gedechtnis der grossen vnd hohen wolthat / das der HErr das volck Jsrael behütete / vnd schlug alle erste geburt in Egypten / von Menschen biß auff Viehe. Darnach von wegen der bedeutung / nemlich / das der eingeborne Sohn Gottes / vnd erstge-

erstgeborne Marie / dermahl eins für vns solte
geopffert werden/ vns vom Egypten der sünde
zu erlösen. Diß sey gesagt vom Gesetz vnd
seiner bedeutung/ Nu wollen wir auff das O=
pffer Christi kommen.

DAs Gesetz gebeut das alles erstgeborne /so
zum ersten die Mutter bricht / vnd von mänli=
chem Samen empfangen ist / auff solche weise
dem HErrn sol geopffert werden/ Aber Chri=
stus war nicht nach menschlicher weise empfan=
gen /sondern von dem heiligen Geiste / vnd ge=
boren von der aller keuschsten vnd reinen Jung
frawen Maria / Derhalben war er nicht mit
diesem gesetz verbunden / das er sich wie andere
Erstgebornen im Tempel auffopffern liesse.
Antwort. Christus war auch hieruon frey /
das er nicht empfangen vnd geboren würde wie
ein Mensch / vnd hernach beschnitten würde/
vnd litte. Aber der/der da von allem ist frey ge
wesen/ist aller Welt knecht worden /auff das er
vns alle frey machete.   Oder / wie der heilige
Augustinus spricht / *Deus est factus homo, ut ho=
mines Deos faceret,*das ist/Gott ist Mensch wor
den/auff das die Menschen zu Göttern wür=
den.Vnd Paulus spricht / Das Christus vn=
ter das Gesetz gethan sey worden / auff das er
die/so vnter dem Gesetz waren/erlösete. Von
dieser vrsachen wegen hat sich auch dieser Erst=
geborner im Tempel wollen lassen opffern.

WJe

WJe ist er aber der Erstgeborne gewesen? Es ist nie ein solcher Erstgeborner gewesen. 1. Ist er ein Erstgeborner gewesen nach seiner göttlichen Natur / denn er war Gottes ewiger Sohn. Ich / spricht er / habe dich heute gezeuget. 2. Ist er nach seiner menschlichen Natur der erstgeborne Marie gewesen / Denn sie hatte keinen sohn für jm / oder nach jm / geboren. 3. Ist er der erstgeborne nach der gnade / Denn er ist der erste Mensch / so geboren / vnd Gott geopffert worden / vnd durch oder an sich selbst / Gott wolgefiil. 4. Ist er der erstgeborne in der krafft / denn er ist der erstgeborne von den toden. 5. Ist er also der erstgeborne / das wir durch jn zu newen Menschen sollen geboren werden.

VBer das ist zu mercken / das Maria zwo junge Tauben habe geopffert / darmit jre armut angezeiget wird. Denn die Reichen opfferten ein Lamb. Hieraus sollē wir lernen / das wir vns vnserer armut nicht schemen sollē. Christus hat wollen arm geborē werdē / auff das er vns reich machete / wenn wir nur seine güter vnd reich= thumb mit danckbarem gemüt wollen annemen.

Vom Andern.

[Vnd sihe / ein Mensch war zu Jerusalem / mit namen Simeon.] Hie haben wir erstlich eine beschreibung Simeonis / vnd darnach seinen segen. Erstlich wird er gerhümet von wegen sei=
ner ge=

ner gerechtigkeit. Deñ also hat er sich in seinem
leben bey den Leuten verhalten/das jn jederman
für einen fromen vñ gerechten man hielte. Der
Euangelist wil nicht/das er also gar gerecht ge=
wesen sey / das er nicht einer andern gerechtig=
keit bedurfft hette/Deñ er bekennet ja in seinem
gesange/das Christus sein Heiland sey/sondern
das wil er/das er erbarlich vnd vnstreflich vnter
den Leuten gewandelt habe/das er niemands be
leidiget/sondern viel lieber einem jeglichen nach
seinem vermügen gedienet habe/ Wer nu ein sol
cher ist/der wird vom Cicerone/vnd von jeder=
man für einen gerechten Man gehalten. Zum
andern wird er gelobet von wegen seiner Gott=
seligkeit/denn er hat Gott gefürchtet. Mit dem
wörtlein Gottes furcht/wird aller Gottsdienst
verstanden. Denn gleich wie der/so Gott fürch
tet/ allerley meidet / darmit er Gott erzürnen
möchte/also thut er auch alles/was Gott gefel
lig vnd angenem ist. Diese furcht kompt aus dem
glauben. Die andere art der furcht Gottes / ist
one glauben/ vnd ist nicht ein Gottesdienst/als
da ist in allen Gottlosen. Denn solche fürchten
sich allzeit für dem gericht Gottes / vnd wolten
lieber das kein Gott were/ denn das sie von jrer
laster wegen sollen gestrafft werden. Ein solche
furcht war diese nicht/ welche hie im alten Si=
meone gepreiset wird. Denn es folget / das er
auff den trost Israel gewartet habe / mit wel=
chem

chem wort angezeiget wird / das er mit gar
brünstigem hertzen auff die zukunfft Christi gewartet habe. Denn er hat wol gewust / das die
propheceiungen Jacob vnd Danielis auff diese
zeit gehörten vnd weiseten / derhalben er desto
begiriger gewartet / vnd sein leben zu erlengern
gebeten hat / biß so lange er Christum leiblich se-
he. Vnd ist nicht wunder / das er mit so hertzlichem mute auff Christum hoffet / denn er war /
wie der Euangelist sagt / des heiligen Geistes
voll. Ein solcher ist dieser heilige Man gewesen.

WAs ist aber die belohnung gewesen solcher frömbkeit? Er hatte eine antwort empfangen vom heiligen Geiste / das er den todt nicht
ehe sehen solte / er hette denn zuuorn den Herrn
Christum gesehen / Durch welches anregen er
in den Tempel kam. Was that er aber daselbst?
Als die Eltern / Joseph vnd Maria / das kind
in den Tempel brachten / nam ers auff seine
arm / vnd lobte Gott. Jetzt hat nu dieser heilige
alte Man das jenige / darumb er so fleissig gebeten / erlanget / hebet an / vnd zeuget von dem Herren Christo / vnd bekennet offentlich / das dieser
Jhesus der Christ sey / so den Vetern verheissen worden.

WIr haben jetzt gehört von der frömbkeit
Simeonis / Nu wöllen wir jn auch vns zum
Exempel fürstellen. Erstlich sollen die alten /
darnach auch andere Leute von jm lernen Gott
fürch-

fürchten/heilig vnd vnstreflich vnter den Leuten
leben/ Sollen lernen Christum auff die arm fas=
sen/das ist/in jre hertzen/jn preisen/loben/vnd
Bekennen/wenn sie solchs thun/werden sie mit
dem Simeone gar vberflüssigen lohn im Him=
mel empfahen.

Vom Dritten.

FOlget der gesang Simeonis/HErr/nu les=
sestu deinen diener im friede faren/wie du gesagt
hast. Diesen gesang hat man lange zeit anher in
der Kirchen pflegen zu singen/vnd wir haben die
gewonheit/solchen bey dem begrebnis der ver=
storbenen zu singen/ Denn er helt in sich eine
lehr von Christo/vñ lehret/woher man den be=
sten trost nemen sol/ sonderlich wenn wir hie
aus diesem leben abscheiden müssen. Auff das
wir aber diesen gesang desto baß verstehen mö=
gen/wil ich jn in zwey stück theilen/ Im ersten
theil frolocket der alte Simeon bey sich selbst.
Im andern verfasset er kürtzlich die wolthaten
Christi vnsers Königs/gegen der gantzen Welt.

DAs erste stück ist diß/[HErr/nu lessestu
deinen Diener im friede faren/wie du gesaget
hast/Denn meine augen haben deinen Heiland
gesehen.] Hie frewet sich der Altuater Sime=
on gar hertzlich/das er Christum mit leiblichen
augen sahe/wie er denn ein antwort vom heili=
gen Geist empfangen hatte. Denn ob er jn
wol

wol zuuor mit den augen des glaubens gesehen/
wie Christus sagt vom Abraham : Abraham
sahe meinen tag/vnd frewete sich / Jedoch die=
weil er eine verheissung vom heiligē Geist beko
men/das er noch für seinem end Christū leiblich
viī mit sichtlichen augen sehen solte/hat er an sol
chem sehen gar hertzliche lust gehabt/vnd bittet
nu mit starckem glauben vmb erlösung/das er zu
seinen vetern im friede möge versamlet werden.
Aber sihe hie/ Er empfehet die verheissung/ das
er den Christ des HErren sehen soll. So wird
da ein armes kindlein gebracht/ da ist keine euß=
serliche pracht/sondern eitel veracht ding. Er=
gert er sich auch an solcher geringer gestalt?
Nein. Denn den er sihet mit leiblichen augen
gering sein / den sahe er mit den augen des her=
tzens sehr groß sein / Den er in gestalt eines
Knechtes mit leiblichen augen sahe nidrig vnd
elende sein/den erkennet er/ vnd sihet jn jnner=
lich/das er sey ein König aller Könige/vnd ein
Herr aller Herren. Er hat wol gewust/das Za=
charias von Christo also weissage/ Sihe / dein
König kompt zu dir/arm/sanfftmütig/ etc. Er
wuste wol/ das er nicht darumb kommen war/
ein weltlich Reich einzunemen / sondern das
geistliche Gottes Reich zu geben den Gleubi=
gen. Daraus sollen wir auch lernen der schrifft
gleuben / vnd Christum sampt seiner Kirchen
anzusehen / nicht allein mit leiblichen augen /
sondern

sondern viel mehr mit den augen des glaubens.
Dieweil er aber begert / das jn Gott nu wölle
faren laſſen / damit er aus dieſem Jamerthal er
löſet werde / zeiget er genugſam an / das Chriſti
Reich nicht von dieſer Welt ſey / ſondern das es
ein ewiges Reich ſey / welches im friede des ge=
wiſſens ſtehet. Als ſolte er ſprechen: Verleihe
mir nu / lieber Gott / das ich im friede vnd ruhe
ſterbe. Hierauß ſollen wir lehr vnd troſt ſchöpf=
fen. Die lehre iſt dieſe / das das geiſtliche ſehen
Chriſti / welchs geſchicht durch den glauben / hier
zu diene / das der Menſch frölich von dieſer welt
abſcheiden könne / denn wer Chriſtum alſo für
ſein ende ſihet / der hat ein liecht für ſich zum le=
ben. Wer mir nachfolget / ſpricht der Herr / der
wandelt nicht im finſternis. Hierwider wer
Chriſtum nicht ſihet / der gehet vom tode dieſes
zeitlichen lebens in die ewige finſterniſſen. Der
troſt aber iſt dieſer: Die Chriſtum in jrer letzten
todes ſtunde ſehen / die haben / darmit ſie ſich trö=
ſten können / vnd wiſſen / das ſie nu im friede da=
hin faren werden / ſie wiſſen auch / das ſie nicht
in die finſterniſſen / ſondern zur ewigen freude,
gehen werden. Der Schecher am Creutz / die=
weil er nicht allein mit leiblichen augen Chri=
ſtum am Creutz in groſſer marter hangen ſahe /
ſonder ſahe jn auch mit den augē des glaubens /
als einen vberwinder des todes / hörete er von
Chriſto dieſen troſt: Heute wirſtu mit mir im

B   Para=

Paradeiß sein. Also auch Stephanus / als er
sterben solte / sahe er Christum / vnd sprach mit
hertzlicher lust vnd grossen freuden zum Herrn /
Herr Jhesu / nim meinen geist auff. Eben al=
so thue auch du / wenn die schwacheit deines Lei=
bes an dir oberhand nimpt / so sihe Christum
deinen Heiland im glauben an / vnd bitte jn
hertzlich / das er dich im friede faren lasse / das
ist / mit ruhe vnd friede deines gewissens von
dieser Welt abscheiden lasse / vnd eingehen in die
ewige ruhe / die da allen gleubigen zugesaget ist.
Solche betrachtung vnd glaube wird machen /
das wir die Welt vnd allerley vnfall dieses zeit=
lichē lebens mit frewden werden verachten / vnd
vnser gemüt mit der hoffnung ewiger Seligkeit
werden trösten / welche vns verheissen hat der /
der nicht kan liegen. Folget der ander theil
dieses gesangs.

[Welchen du bereitet hast / für allen Völ=
ckern. Ein liecht zu erleuchten die Heiden / vnd
zum preiß deines Volcks Jsrael.]

HJe werden kürtzlich zwey stück angezei=
get. Eines von den wolthaten vnd verdiensten
Christi. Das ander / welchen solche wolthaten
angehören vnd zu theil werden. Deine woltha=
ten sind diß: Heil / Liecht / Preiß. Ohn Christo
steckt die Welt im verdamnis / finsternis vnd
schanden / vnd solches von der sünde wegen.
Denn Christus hebet auff die Verdamnis / vnd
gibt

gibt die Seligkeit / er vertreibet die finsternis/
vnd bringet das liecht/er nimpt die schande von
vns/vnd begabet vns mit ehre vnd preiß. Lieber
sihe / wie grosse wolthaten dieses sind? Es kan
sie niemand gnugsam erwegen.

Wem sollen aber solche wolthaten zu theil
werden? Allen Völckern / Jüden vnd Heiden. Man mus sie aber mit dem glauben er-
greiffen. Denn sie werden in gemein allen
Menschen angeboten / vnd ist solches eine vn-
erforschliche barmhertzigkeit Gottes. Es ist
aber diese bedingung hierbey / Wer da gleubet/
der sol selig werden/Wer aber nicht gleubet/ der
wird verdampt werden. Wenn wir derhalben
solcher güter mit dem Simeone wöllen theil-
hafftig werden/ sollen wir diesen Jhesum / vnsern Herrn vnd Seligmacher/in die arm vnsers
hertzens fassen / vnd vns mit gantzem glauben
tröstlich auff jn ergeben. Diesem vnserm Heilande sey lob / preiß vnd ehre / von ewigkeit zu
ewigkeit / A M E N.

Am tage der Verkündi-
gung Marie/Euangelium
Luce am j.

Nd im sechsten Mond/ward
der Engel Gabriel gesandt von
Gott in eine Stadt in Galilea
die da heisset Nazareth / zu einer Jung=
frawen/die vertrawet war einem Man/
mit namen Joseph vom hause Dauid/
vnd die Jungfraw hieß Maria. Vnd
der Engel kam zu jr hinein/vnd sprach:
Gegrüsset seistu holdselige / der Herr ist
mit dir/gebenedeyete vnter den Wei=
bern. Da sie aber in sahe/erschrack sie v=
ber

ber seiner red
aruff ist das e
jr. Fürchte di
nade bey Ge
schwanger t
Sohn gebei
heissen/der t
höchsten gei
der Herr vn
Dauids geb
sein vber das
seines König

Da spra
Wie sol das
keinem Man
ter vnd sprai
wird vber dic
höchsten wii
end auch das
end wird Go
den. Vnd sih
it ist auch schw
in jrem alter
Mond, die v
fruchtbar sey/

ber seiner rede / vnd gedachte / welch ein
gruß ist das? Vnd der Engel sprach zu
jr: Fürchte dich nicht Maria / du hast genade bey Gott funden. Sihe / du wirst
schwanger werden im leibe / vnd einen
Sohn geberen / des namen soltu Jhesus
heissen / der wird groß / vnd ein Sohn des
höchsten genennet werden. Vnd Gott
der Herr wird jm den stuel seines vaters
Dauids geben / vnd er wird ein König
sein vber das hauß Jacob ewiglich / vnd
seines Königreichs wird kein ende sein.

DA sprach Maria zu dem Engel:
Wie sol das zugehen / sintemal ich von
keinem Man weiß? Der Engel antwortet vnd sprach zu jr: Der heilige Geist
wird vber dich komen / vnd die krafft des
Höchsten wird dich vberschatten. Darumb auch das heilige / das von dir geborn
wird / wird Gottes Son genennet werden. Vnd sihe / Elisabeth deine gefreund
te ist auch schwanger mit einem Sohn
in jrem alter / vnd geht jetzt im sechsten
Mond / die im geschrey ist / das sie vnfruchtbar sey / denn bey Gott ist kein ding
vnmüglich

vnmüglich. Maria aber sprach: Sihe/
ich bin des Herrn Magd/ mir geschehe
wie du gesaget hast / vnd der Engel
schied von jr.

Erklerung des Texts.

Iß Fest begreifft in sich die Historien von
der empfengknis Jhesu Christi vnsers
Seligmachers/ welche der Jungfrawen Maria
von dem Engel Gabriel verkündiget wird. Deñ
es hatte Gott der Herr lange zuuor im drey tau
sent neun hundert vnd sechtzigsten Jar/ für die=
ser Empfengknis/ verheissen vnd zugesagt/ das
des Weibes Samen kommen solte/ welcher der
alten Schlangen/ dem Teuffel seinen kopff zu=
tretten würde/ das ist / der die werck des Teuf=
fels zerstören würde / nemlich / die Sünde vnd
den Todt / wie in der ersten Epistel Johannis
am dritten Capitel geschrieben stehet. Solcher
zusagung vnd verheissung war Gott der Herr
noch gar wol eingedenck/ vnd schicket seine Bot
schafft/ nemlich/ den Engel Gabriel/ zu der rei=
nen vnd keuschen Jungfrawen Maria / vnd
lesset jr durch denselbigen Engel verkündigen
vnd anzeigen/ das sie empfahen vnd schwanger
werden würde von dem heiligen Geist/ ohne
jrgend

jrgend einen Mänlichen Samen / vnd einen
Sohn geberen / welcher der gantzen Welt Hei=
land sein würde.   Diß ist kurtz die Sum=
ma vnd Inhalt der Historien / welche in sich
hat vnd begreifft funff fürneme Artickel /
wie folget :

1.   Eine beschreibung der Botschafft.
2.   Der Englische gruß.
3.   Tröstunge der erschrockenen Jung=
       frawen.
4.   Eine außlegung der Bottschafft.
5.   Weise der Empfengknis.

Vom ersten Artickel.

JN der Beschreibung dieser Botschafft sind
vielerley vmbstende zu mercken / derer wir ein
jegliche in sonderheit betrachten wöllen / auff
das wir eine nützliche lehr / vns zu trost herauß
fassen mögen.

DJe erste vmbstendigkeit ist die zeit. [Vnd
im sechsten Mond /] spricht der Text / nemlich /
nach der empfengknis Johannis des Teuffers /
der nach außweisung der schrifften der lieben
Propheten / solt ein vorleuffer des Herrn sein /
der den leuten verkündigen solt / jrem zukünfftige
könig den weg zubereiten / vnd es war gleich das

zwentzigste Jar/nach dem das Scepter von Ju
da genomen war/denn also war zuuor geweissa
get worden vom Patriarchen Jacob : Es sol
das scepter von Juda nicht genomen werden/
biß das der Held kome/das ist / des Weibes sa=
me/welcher den ersten Eltern verheissen ward.
Derhalben solche vmbstendigkeit der zeit klar
Beweiset / das dieser Sohn Marie der rechte
Messias sey. Denn er ist eben zu der zeit gebo=
ren/ von welcher der geist Gottes in den Pro=
pheten verkündiget hatte / das er solte geboren
werden. Darnach / so viel den tag belanget / ist
sonderlich zu mercken/das eben auff denselbigen
tag das Osterlamb geschlachtet / vnd Christus
ist empfangen worden. Item/ das er eben auff
denselbigen tag habe gelidden. Auff diesen tag/
wie die heiligen Veter darfür halten/ ist Adam
geschaffen worden. Solches vnd dergleichen be=
stetiget die warheit der göttlichen verheissungen.
Nach gethaner verheissung verzoge Gott lang/
seinen Sohn zu senden/doch gleichwol bleibet er
warhafftig in seiner verheissung. Der Sohn
Gottes hat vns zugesagt/er wölle zu gericht ko=
men/vnd verzeucht lang / aber doch wird er ko=
men wenns jm gefellig ist.

Die andere. Der Bote so außgesendet wird/
ist der Engel Gabriel. Warumb? Erstlich dar=
umb/auff das die Göttliche ordnung gehalten
würde. Denn gleich wie Gott zuuorn seine En
gel

gel pflegte zu den Menſchen zu ſenden / jnen Gottes willen zu verkündigen : Alſo wird auch jetzt ein Engel außgeſendet / den Menſchen zu jrer Seligkeit zu dienen. Denn das ſolches der Engel ampt ſey / beweiſt die Epiſtel zun Hebreern am j. Capitel. Darnach darumb / dieweil der böſe Engel der erſten Verdamnis ein urſache war / wolt es von nöten ſein / das widerumb ein guter Engel der erworbenen Seligkeit erſter Bote were. Zum dritten / dieweil ſie eine reine keuſche Jungfraw war / wolte ſichs auch gebüren / das ein heiliger keuſcher Engel zu jr geſchicket würde.

Die dritte. Das dieſer Bote von Gott auß geſandt ſey. Man pfleget auff der Keiſer und Könige Boten gar begirig zu warten / auff das man erfaren möge / was ſolche groſſe Potentaten begeren und haben wöllen. Sihe da / der ſo den Boten außſchicket / iſt der aller öberſte Regent / und der Bote ſo ausgeſchickt wird / iſt gar ein groſſer Bote. Derhalben wir uns billich zu verwundern haben.

Die vierde. Hie wird auch der ort angezeigt / dahin er geſchickt wird. Er wird geſchickt in eine Stadt in Galilea / die hieß Nazareth. Dieſes geſchach darumb / das es zuuor alſo verkündiget iſt geweſen. Darnach bezeuget Gott hiermit / das er das verachte und geringe hie auff Erden anſehe. Darff derhalben niemand gedenken /

B b   cken /

cken/das er von Gott verachtet oder verworf=
fen sey/ob er gleich arm/ vnd veracht ist hie bey
den Menschen.

Die fünffte/Was für ein Person sey zu wel
cher er geschicket wird/ nemlich zu einer Jung=
frawen die einem Manne vertrawet war. Es
solte zwar Christus/nach den weissagungen der
Propheten von einer Jungfrawen empfangen
vnd geborn werden / wie denn viererley art der
geb.rt der Menschen hie in dieser Welt sein. 1.
Die erste/ist allein Adams/welcher auß einem
Erdenkloß erschaffen worden. 2. Die andere/
ist allein Heue / welche von Adams Riebe er=
bawet ward. 3. Die dritte art/ist allein Chri=
sti/der von einer reinen/keuschen Jungfrawen
geborn ist. 4. Die vierde art / ist allen Men=
schen gemein/das sie auß mänlichem vnd weib=
lichem Samen geborn werden. Ist derhalben
Christus von der Jungfrawen Maria empfan
gen vnd geborn. Erstlich darumb/wenn er were
auß des Mannes vnd Weibes Samen geboren/
so were er in sünden empfangen vnd geborn.Es
wolte aber dem / der da komen ist die sünde hin=
weg zu nemen / gebüren / das er ohn alle sünde
selbst were. Darnach muste auch den Prophe=
ceyungen genug geschehen. Gen. am 3. stehen
diese wort : Des Weibes Samen wird der
Schlangen den kopff zutretten.Gen.am 46.ste=
hen diese wort; Es wird das scepter von Juda
                                    nicht

nicht entwendet werden / biß der Held komme /
das ist / des Weibes Same. Esaias am 7. spricht:
Sihe / eine Jungfraw ist schwanger / vnd wird ei
nen Sohn geberen. Aber das muste solches also
geschehen von wegen der geistliche widergeburt /
welche nicht ist oder geschicht von dem wille des
fleisches / oder von dem willen eines Mannes /
sondern von Gott. Daher Augustinus spricht:
Es muste Christus vnser Heupt gar herrlicher
wunderbarlicher weise nach dem leibe von einer
Jungfrawen geboren werde / auff das er hiemit
anzeigte / das seine glieder / nemlich die gleubigen / nach dem Geiste solten geboren werden.

DAs aber diese Jungfraw schon vertraw-
et gewesen ist / hat auch seine besondere vrsach-
en. Denn hierdurch wird auch die wirdigkeit des
Ehestandes höchlich gepreiset / vnd der Jungfrawen keuscheit vnd gut gerüchte erhalten / Ja
es hat Gott der Jungfrawen einen besondern
hüter zugegeben / der auff sie achtung gebe / vnd
ir pflegete.

DIe sechste / Das Joseph vom hause vnd
geschlechte Dauids war / vnd solchs solte also
geschehen / von wegen der Propheceyung. Denn
also war geweissaget / das Christus vom geschlechte Dauid solte geborn werden / wie denn
solches die Phariseer vnd Schrifftzelerten auch
wol wusten.

Vom Andern.

Das

Das ander stück dieser Euangelischen Histo
rien ist der Engelische gruß/welcher also lautet:
[Gegrüsset seistu Holdselige/ Der Herr ist mit
dir/du gebenedeyete vnter den Weibern.] Hie
müssen wir gedencken an Euam vnsere erste
Mutter / vnd an Mariam die keusche heilige
Mutter des Herrn Jhesu / vnd eben mercken/
wie gar anderley wort eine denn die andere gehöret hat. Eua muste von Gott diß hören: Ich
wil dir viel schmertzen schaffen. Solche schmertzen vnd trübsal sind zeichen der vermaledeyung
für dem glauben. Maria aber hörete diß wort :
Fürchte dich nicht. Vnd setzt vrsach hinzu/war
umb sie sich nicht fürchten solle / vnd spricht :
[Du holdselige/] oder / du bist voller gnaden/
das ist/ Es hat dich Gott zu gnaden angenom-
men/ vnd hat dich außerwelet vnter allen im
gantzen menschlichen geschlecht/dere er/ eine besondere wolthat erzeigen wil. [Der Herr ist
mit dir] das ist/Gott ist dein beschützer vnd Heiland.[Du gebenedeyte vnter den weibern/] das
ist / Gleich wie Eua verfluchet war vnter den
weibern/ja alle weiber warē verflucht von jrent
wegen/also bistu gesegnet durch Gottes gabe vñ
gnade. Denn es ist dir ein solchs seliges glück wi
derfaren/das du eine Mutter sein solt des zugesagten samens. Diß ist die meinung dieses gru-
ses/darauß leichtlich zusehen ist/wie nerrisch die
thun/so hierauß ein gebet machen / in welchem
sie die

sie die selige Jungfraw Mariam/ wider das offentliche wort Gottes / anruffen / welchen ich kürtzlich jetzt diß wil gesagt habē: Verflucht sein alle die/so die Creaturn anruffen/ vnd die wort der schrifft felschlich deuten/jre greuliche abgötterey zu bestetigen/mit höchster verachtunge des Sons Gottes/mit grosser schmach der aller heiligsten Jungfrawen Marie / vnd mit gewisser verderbnis jrer seelen seligkeit. Ja wenn man in der Kirchen von warer anruffung lehret / wird darneben auch angezeiget/das die anruffung der Heiligen ein Teufflischer Gottesdienst sey/vnd vom Teuffel selbst in die Kirche eingefüret.

Vom dritten.

Als Maria solchen vngewönlichen gruß hōrete/wird sie bestürtzet bey sich selbst/vnd gedencket/was doch diß für ein gruß sey / darauff der Engel jr also anzeiget/[Fürchte dich nicht Maria/du hast gnade bey Gott funden.] Sihe hie zu/was Gottes wort thue vnd wircke. Erstlich/ erschrecket es/ darnach tröstet es. Fürchte dich nicht/spricht er/als wolt er sprechen: Ich komme nicht darumb zu dir/das ich dir etwas trawrigs wölle verkündigen/ Ich komme nicht / das ich dir von Gottes zorn wider dich / predigen wölle/denn du hast gnade bey Gott funden / hie haben wir gar ein gewisse lehr/ das Gottes gnade al=

de allein die furcht außtreibe. Alle andere ding
bringen furcht vnd sorge mit sich.Als zum exem
pel : Gute freunde machen vns diese furcht/das
wir stets fürchten müssen/ sie werden vns verlas
sen/wenn wir sie am nötigsten bedürffen / Ge=
sundheit hat diese furcht bey sich / das man sie
möge verlieren / Gelt vnd Gut hat man nicht
ohne furcht / denn diß alles kan man verlieren/
vnd wenns verloren wird/ bringets schmertzen.
Gewalt fürchtet sich / als die von einem gewal=
tigern möchte vberwunden werde.Allein Got=
tes gnade treibet die furcht auß. Wer Gottes ge
nade hat/der kan beide im leben vnd sterben dem
Teuffel trotz bieten/vnd alle seine anschleg ver=
achten.   Dieweil man aber solche gnad durch
den glauben behelt/vnd durch Gottselige vbung
sie mehret vnd stercket/müssen wir vns alle fleis=
sig hüten/ das wir sie nicht selbst mutwillig ver=
lieren / denn so wir diese verlieren / ist nichts
mehr zu gewarten/denn verwirrung des gewis=
sens/ vnd vermaledeyung.

Vom Vierden.

[Sihe/du wirst schwanger werden im lei=
be/ vnd einen Sohn geberen/ des namen soltu
Jhesus heissen.] Diß ist die Proposition der
Bottschafft/ welche der Engel werben solte.
Vnd ist die meinung : Ich verkündige dir auß
Gottes befehl/ das du jetzt solt eine Mutter
werden/

werden/vnd einen Sohn geberen/den soltu heis=
sen Ihesus. Hie gedencket die keusche Jung=
fraw Maria ohne zweiffel an den verheissenen
Samen. Sie höret das jr von Gottes wegen
verkündiget wird/das sie solle einen Sohn gebe=
ren/vnd jn mit seinem namen Ihesus nennen.
Vnd verstehet die Jungfraw Maria wol / das
dieser name Ihesus/welcher einen Heiland be=
deutet / wider die vermaledeyung vnd den todt/
in welche vnsere ersten Eltern von wegen jrer
vbertrettung/ gefallen waren / stehe vnd gesetzt
werde. Weil aber dieser name am tag der be=
schneidung Christi weitleufftiger erkleret / will
ich in diesem Text fortfaren.

[Der wird groß werden/] spricht der Engel/
Ja billich wird er groß sein/denn er ist ein Son
des allerhöchsten/ Er vberwindet den gewalti=
gen feind den Teufel. Er ist recht der gröste/deñ
er gibt grosse güter. Er ist recht der gröste / denn
sein reich ist ewig. [Vñ Gott der Herr wird jm
den stul seines vaters Dauid geben/vnd er wird
ein König sein vber das hauß Jacob ewiglich/
vñ seines Königreichs wird kein end sein.] Weñ
wir diese beschreibung recht werden ansehen / so
werden wir viererley/welchs von Christo gesagt
wird/befindē. Denn erstlich zeigt er an die men
scheit Christi/da er spricht/das er vō einer Jung
frawen solle geborn werdē. Darnach verschwei
get er seine Gottheit auch nicht/denn er spricht/
Er

Er werde [ein Sohn des höchsten genennet wer
den.] Der Sohn des höchsten ist einerley na=
tur mit dem Höchsten. Zum dritten/als er hinzu
setzet/ [Der wird groß werden.] Zeiget er an/
die persönliche vereinigung. Denn ob er gleich
Gott vnd Mensch ist / so ist es doch nur ein ei=
nige Person/vnd nicht zwo. Zum vierden/wird
auch seines ampts gemeldet / das er ein Jhesus
vnd König sein werde/der ewiglich regiere.Wie
hat aber das von Christo können gesagt wer=
den/das er den stuel seines Vaters Dauids be=
sitzen würde / dieweil er selbst spricht : Mein
Reich ist nicht von dieser Welt/wie solchs auch
der außgang vnd das ende bezeugen / vnd Da=
uids Reich nur eine eusserliche regierung im Jü
dischen lande gewesen ist? Dauid hatte nur den
schatten eines Königreichs / dieser sein sohn be=
sitzet das rechte vnd ware Königreich. Dauids
Reich ist eine figur vnd schatten gewesen des
Reichs Christi/wird derhalben beides für ein
Reich gerechnet/denn jenes ist der schatten/diß
aber die warheit desselbigen Reichs. Darnach
hat die schrifft eine solche gewonheit / das sie
die Göttlichen ding / mit eusserlichen bildnis=
sen vns fürmahlet / auff das durch solche ver=
gleichunge vnd gegeneinander haltung / vnserer
schwacheit möchte gerhaten werden.

Vom Fünfften.

Vom

[Da sprach Maria zu dem Engel / Wie sol das zugehen / sintemal ich von keinem Manne weiß?] Als wolt sie sagen / Wie kan ich leiblich schwanger werden on ein Man / wie du sagest / dieweil ich doch noch keinen Man erkennet habe. Die heilige Jungfraw hat gewust / das diese ordnung von Gott selbst gesetzt sey / das die menschen aus menlichem vñ weiblichem samen empfangen würden. Vnd hat auch von der zeit an / da vnsere erste Eltern sind erschaffen worden / võ keinem andern exempel nicht gehört oder vernomen / Folget derhalben solchem vrteil jrer vernunfft / vnd der erfahrung in dieser ordnung Gottes / vnd fraget / Wie sol das zugehen / sintemal ich von keinem Manne weiß? Oder wird solche empfengniß jrgent auff ein vngewönliche weise geschehen? Der Engel antwortet / vnd sprach zu jr / [Der heilige Geist wird vber dich komen / vñ die krafft des höchsten wird dich vber schatten / Darumb auch das heilige / das von dir geboren wird / wird Gottes sohn genennet werden.] Hie zeiget der Engel an die weise solcher empfengnis / vnd zeucht die vrsache der empfengniß von der natur auff Gott / der die natur geschaffen hat. Als wolt er sprechen / Du wirst nicht schwanger werden von mänlichem samen / sondern von deinem samen allein sol dir ein son geboren werden / Vnd wird solches nicht die natur wircken / sondern die gnade. Deñ der heilige

c Geist

Geiſt wird durch ſeine Göttliche krafft ver=
ſchaffen / das aus deinem Samen ein warer
Menſch geboren werde/ Daher ſpricht Augu=
ſtinus/ Durch die gnade Gottes/oder durch die
gewalt Gottes/vnd durch die wirckung des hei=
ligen Geiſtes/iſt von dem fleiſch der Jungfraw
en an ſich genomen worden / das mit dem wort
iſt vereiniget. Vnd ſolches geſchach darumb/
Wenn er von mänlichem Samen were herfo=
men/ſo were er ſampt allen andern/ ſo von A=
dam geboren ſind / vnrein geweſen. Was aber
vom fleiſch geboren iſt/das iſt fleiſch/ das iſt lü=
gen/ das iſt eitel / Johan. 3. Nu aber hat durch
Chriſtum komen müſſen die gnade vnd die war=
heit. Hat derhalben nicht kund oder mocht aus
einem Man empfangen werden/ſondern es hat
ſolches durch eine beſondere heimliche krafft
Gottes müſſen geſchehen/auff das er von aller
Sünden rein vnd heilig were / vns auch könde
reinigen vnd heiligen/vnd ſich ſeinem vater als
ein heiliges vnbeflecktes Opffer darbieten. Dar
nach iſt er empfangen vom heiligen Geiſte/auff
das wir wiſſen möchten/das alles was der Son
redet/ſey der gentzliche wille des Vaters. Denn
der heilige Geiſt iſt des Vaters vnd des Sohns
ſelbſtendige liebe. Vber das darumb/ weil der
heilige Geiſt ein Geiſt iſt der heiligkeit vnd rei=
nigkeit / ſo hat er auß dem geblüte / welches er
gereiniget hatte/ den leib Chriſti erbawet / auff
　　　　　　　　　　　　das

das er rein vnd von aller sünde vnbefleckt were /
wie droben ist gesaget worden. Dieses sind ge=
wesen die vrsachen / vnd sind es noch / darumb
siche hat gebüren wollen /das Christus nicht von
mänlichem Samen solte geboren werden / son=
dern durch wirckung des heiligen Geistes. Sol=
ches gibt der Engel zuuersiehen / da er spricht /
Darumb auch das von dir geboren wird / wird
Gottes Sohn genennet werden. Vnd wiewol
die selige Jungfraw solchen worten des Engels
gegleubet hat /jedoch das der glaube in jr stercker
würde / setzet er ein gewiß zeichen hinzu / durch
welchs sie vorgewisset werde /vnd spricht / [Vn
sihe / Elisabeth deine gefreundin ist auch schwan
ger mit einem Sohn /in jrem alter /vnd gehet jtz
im sechsten Monat / die im geschrey ist / das sie
vnfruchtbar sey.] Als wolt er sprechen / Du
nimpst diese wort bey dir also auff /gleich als sey
es wider den lauff der natur /vnd wider die ord=
nung Gottes /das du als eine Jungfraw empfa
hest /vñ als eine Jungfraw geberest /Ich wil dir
aber noch was anders anzeigen /das auch wider
den lauff der natur ist /Elisabeth deine gefreun=
din ist vnfruchtbar beide der natur / vnd jres al=
ters halben. Der natur halben /denn sie hat mit
jrem Manne souiel Jar gelebet / vnd kein kind
geboren /also das man sie / jr zum nachtheil vnd
schmach / die vnfruchtbare hat genennet. Al=
ters halben ist sie vnfruchtbar / denn es ist nu

die zeit

die zeit Kinder zu geberen für vber / wenn sie
gleich für zeiten gar fruchtbar were gewesen /
Nu ist aber jetzt schon der sechste Monat von
der zeit an / da sie empfangen / vnd durch Gottes
ordnung vnd willen schwanger worden ist. Dar
umb soltu dich mit diesem zeichen stercken / vnd
gewißlich gleuben / das auch du eine Jungfraw
bleibest / vnd doch geberest.

Sihe hie an die gewonheit Gottes / der nicht
mit dem Menschen handelt allein mit blossen
worten / sondern thut allzeit jrgent ein eusserlich
sichtbarlich zeichen hinzu / darmit er vnser
schwacheit zu hülff komme / in dem / da er seinen
willen vnserm menschlichem hertze durchs wort /
vnd vnsern sinnen durch die eusserliche zeichen /
welche des worts siegel sind / offenbaret vnd für
die augen helt. Also hat er vns noch heutiges
tages seinen Göttlichen willen durchs Euan=
gelium geoffenbaret / vnd solchen mit eusserli=
chen zeichen / nemlich / mit der Tauffe vnd dem
Abendmal versiegelt.

ABer in diesem gespräch des Engels mit der
Jungfrawen / ist diß wort sonderlich zu merckē /
da der Engel spricht / [Denn bey Gott ist kein
ding vnmüglich.] Dieser spruch / vnd diß wort
des Engels begreifft zweierley in sich. Erstlich /
versiegelt vnd bestetiget es die warheit vnd ge=
wißheit Göttlicher verheissunge. Darnach ver=
manet vnd erinnert es vns / das wir die gewalt
                                                    oder

oder allmechtigkeit Gottes allem fleischlichem
sinne vnd vrtheil entgegen halten sollen / vnd
gewißlich in vnserm hertzen schliessen / das Gott
warhafftig sey / ob gleich alle Creaturen vnd ge
schöpff vns anders bereden wolten / vnd das
wir mit der Jungfrawen Maria sagen / Mir
geschehe wie du gesaget hast / Denn du offenba=
rest mir deinen willen im wort / vnd erfüllest dei
nen willen durch die allmechtigkeit / auff das alle
herrligkeit vnd ehre alleine dein sey. Bistu ein
Sünder / vnd beweinest dein elend / so höre hie
das wort vom willen Gottes / Ich wil nicht
den tod des Sünders. Item / Wer den namen
des HErrn wird anruffen / der wird selig wer=
den. In diß wort schleuß auch den willen Got=
tes / vnd seine allmechtigkeit / der niemand wi=
derstehen mag oder kan. Wenn der tod hertzu
nahet / vnd du trawrig bist / so fleuch zum Herrn
Christo / vnd höre sein Wort / Selig sind die To=
den / die in dem HErrn sterben von nu an. In
diesem wort setze den willen Gottes vnd seine
gewalt zusamen / vnd gleube gewißlich / das dir
der tod ein weg zur Seligkeit sein werde / durch
Jhesum Christum vnsern Herren / welchem mit
dem Vater vnd heiligem Geist / ewig lob /
ehr vnd preiß sey / von ewigkeit
zu ewigkeit /
A=
M E N.

Am

Am Tage Sanct. Jo-
hannis des Teuffers/Euan-
gelium/Luce am j.

Vnd Elisabeth kam jre zeit/
das sie geberen solt/ vnd sie gebar
einen Sohn/Vnd jre Nachbarn
vnd gefreundten höreten / das der Herr
grosse barmhertzigkeit an jr gethan hat-
te/ vnd freweten sich mit jr. Vnd es begab sich am achten tage/kamen sie zu be-
schneiden das Kindlein/ vnd hiessen jhn
nach

nach seinem Vater Zacharias. Aber sei=
ne Mutter antwortet/vnd sprach / Mit
nichten / sondern er soll Johannes heis=
sen.   Vnd sie sprachen zu jr / Ist doch
niemand in deiner freundtschafft der al=
so heisse?

Vnd sie winckten seinem vater/wie
er jn wolt heissen lassen? Vnd er foderte
ein Täffein/schreib vnd sprach/ Er heist
Johannes. Vnd sie verwunderten sich
alle/Vnd als balde ward sein mund vnd
seine zunge auffgethan/vnd redete / vnd
lobte Gott/Vnd es kam eine furcht vber
alle Nachbarn. Vnd diß geschicht ward
alles rüchtbar auff dem gantzen Jüdi=
schen gebirge. Vnd alle die es höreten /
namens zu hertzen/vnd sprachen / Was
meinstu wil auß dem kindlein werden?
Denn die hand des Herrn war mit jm.

Vnd sein vater Zacharias ward des
heilige Geistes vol/weissaget/vn sprach/

GElobet sey der Herr/der Gott Is=
rael / denn er hat besucht vnd erlöset sein
volck. Vñ hat vns auffgericht ein horn
des heils / in dem hause seines dieners

c   iiij   Dauid.

Dauid. Als er vor zeiten geredt hat/
durch den mund seiner heiligen Propheten. Das er vns errette von vnsern
feinden/ vnd von der hand aller die vns
hassen. Vnd die barmhertzigkeit erzei
gete vnsern Vetern / vnd gedeckte an
seinen heiligen bund. Vnd an den eyd
den er geschworen hat vnserm Vater
Abraham/vns zu geben. Das wir erlöset aus der hand vnser feinde / jm dieneten ohn furcht vnser lebenlang. In
heiligkeit vnd gerechtigkeit/ die jm gesellig ist. Vnd du kindlein wirst ein
Prophet des höchsten heissen/du wirst für
dem HErren hergehen / das du seinen
weg bereitest. Vnd erkentnis des heils
gebest seinem Volck/die da ist in vergebung jrer sünden. Durch die hertzliche barmhertzigkeit vnsers Gottes/durch
welche vns besucht hat der auffgang aus
der Höhe. Auff das er erscheine de-
nen/die da sitzen im finsternis vnd schatten des todes/vnd richte vnser füsse auff
den weg des friedes.

Erkle-

Erklerung des Texts.

WJewol es eine grewliche Abgötterey ist/
die Heiligen anruffen / welchs die Papi=
sten auff die Feste der lieben Heiligen gethan
haben. Jedoch ist es sehr nützlich / das man et=
liche Fest der Heiligen behalte / vnd solchs von
vielerley vrsachen wegen. Zum ersten / ist es
gantz nötig die Historien der Kirchen zu wissen/
den auß derselbigen können wir lehre/ sterckun=
ge/ vnd trost fassen. Zum andern/ ist es sehr lieb=
lich/ die wolthaten Gottes gegen die Kirche zu
bedencken/ den die Gottselige hertzen bekommen
hierauß einen besondern nutz. Die dritte vr=
sach ist/ das man Gott trewlich dancke für die
wolthaten gegen den gliedmassen der Christli=
chen kirchen. Die vierde / das wir in betrach=
tung des manchfeltigen vnfals vnd widerwer=
tigkeit der lieben Heiligen / vnsere hertzen ster=
cken wieder alle gegenwertige vnd künfftige vn=
felle/ welche wir gewarten vnd erfaren müssen.
Die fünffte/ Auff das vns die Heiligen/ in der
Busse/ im leben/ in Gottesdiensten/ bestendigkeit/
geduldt / vnd in andern tugenden / ein Exempel
vnd fürbild sein/ darnach wir vnser leben sollen
anrichten. Die sechste / Auff das wir die ge=
meinschafft der Heiligen mit hertzlichem seufff=
tzen begeren sollen.

SOlche vnd dergleichen wichtige vrsachen
E v sind/

sind / warumb wir etliche Fest der Heiligen in
der Kirchen behalten sollen. Vnd wolte Gott/
das nicht jrer viel die Fest der lieben Heiligen/
vnd andere zu jrer wollust vnd büberey miß=
brauchten/Wie denn diß Fest sonderlich im Ba=
psthumb von vielen ist mißbraucht worden / da
die Leute mit nacht tentzen/frentzen vnd bulen=
lieder/mit fresserey vnd seufferey (das ich an=
der er vnzucht geschweige) feyreten vnd begien=
gen/mit welchem allem sie nicht Gott / seinen
Engeln/ vnd Heiligen gefielen oder dieneten/
sondern sie dieneten dem Teuffel / zur schmach
Gottes / der Engel / vnd der lieben Heiligen.
Diß sey kürtzlich gesagt von den Festen der Hei
ligen/vnd jrem rechten gebrauch. Vnd von die=
sem Fest/ will ich nur einen Artickel handeln/
nemlich/die geschicht von S. Johanne / darauß
etliche lehr vnd erinnerung folgen wird.

Von der geschicht S. Johannis des Teuffers.

IN der Historien S. Johannis sollen nach
folgende vmbstendigkeiten betrachtet werden /
nemlich/seine Eltern/ seine empfengniß / seine
geburt/seine aufferziehung/seine beruffung/ sein
Ampt/das zeugniß Christi von S. Johanne/
sein tod/vnd die ding so vmb die zeit seines todes
vnd nach seim tode/sich zugetragen haben.

DJe

DJe Eltern S. Johannis ſind geweſen/
Zacharias ein Prieſter/ ein heiliger Man / vnd
eines vnſtrefflichen lebens/ Vnd ſeine Mutter
iſt geweſen die Eliſabeth / ein betagtes vnd gar
Gottſeliges Weib/welchen beiden der Euange=
liſt Lucas am 1.cap.das zeugniß gibt/vnd ſpricht/
Sie waren aber alle beide from für Gott / vnd
giengen in allen geboten vnd ſatzungen des Her
ren vntadelich. Vnd ſie hatten kein kind / denn
Eliſabeth war vnfruchtbar / vnd waren beide
wol betaget. Dieſe beſchreibung lehret / wie
gar frome Leut die Eltern Johannis geweſen
ſind/wie vnſchuldig ſie gelebet haben/ vnd nach
dem ſie alt worden/haben ſie keinen troſt in irem
alter gehabt/darumb das Eliſabeth vnfruchtbar
war/nicht allein der natur halben / da ſie noch
ein junges Weib war/ ſondern auch alters hal=
ben/da ſie nu ein alt Weib worden. Jedoch be=
komen ſie / auch wider den gemeinen lauff der
Natur/vnd art der vnfruchtbarkeit/ das jenige/
das ſie lang mit höchſter begier von Gott gebe=
ten hatten. Dieſe vmbſtendigkeit von den El=
tern Johannis/leret vns vielerley. Zum erſten/
Das Gott das gebet ſeiner gleubigen endlich er
höre. Zu andern/daß man vom gebet nicht bald
ſoll nachlaſſen/ob ſich das ſchon lang verzeuhet/
darumb wir bitten.Denn man muß anklopffen/
ſo lang biß vns die thür der gnaden auffgethan
wird. Zum dritten/Das die trübſelige vnd an=
gefochte

gefochtene Menschen/ so im glauben beständig/
vnd in der vnschuld beharren/endlich von Gott
trost erlangen. 4. Das die so im Ehestande
sind/in Gottes furcht leben/ vnd sich vnstreflich
halten sollen. 5. Das die diener des Worts/
vnd jre Weiber/andern Leuten sollen fürgehen
mit allerley tugend vnd frömbkeit. Denn gleich
wie Zacharias die wirdigkeit seines ampts mit
heiligem leben vnd gutem wandel zierete/ Also
fürete auch sein Eheweib die Elisabeth ein hei=
liges vnstrefflichs leben. Denn sie wusten sehr
wol/das sie in solchem stande / vnd wirden wa=
ren/das man auff jr leben oder wandel mehr ge=
dancken hette/ denn auff eines andern/ Wolte
Gott/das jrer nicht viel weren/ die vom Zacha
ria predigen/vnd doch nicht nach jm leben/ aber
solche werden jr vrtheil finden.

DIe andere vmbstendigkeit ist die empfeng=
nis/in welcher viel zu bedencken ist.Denn erst=
lich wird die Empfengnis seinem Vater Za=
charie als er sein ampt im Tempel verwesete/
durch den Engel verkündiget/ Vnd als solches
der alte betagte Man nicht gleubte/ ward er
stum/ zur straffe seines vnglaubens. Hie ereu=
get sich erstlich der dienst vnd das ampt der En=
gel Gottes/welche Gottes boten/ vnd Diener
der kirchen Gottes sind / das sie dieselbe beschü=
tzen/vnd jr nach dem willen Gottes dienen sol=
len. Aber von den Engeln sol weiter gelehret
werden

werden auff Michaelis. Darnach / ist hie zu mercken / das Gott die pflege zu erhören / welche jr ampt trewlich verrichten / vnd jn im glauben anruffen. Denn wer seinem befohlenen ampte / nicht nach seinem vermügen / vorstehet / der ist ohne glauben / vnd kan nicht beten. Darumb sollen wir dem exempel Zacharie nachfolgen / vnser ampt trewlich verwalten / vnd Gott ernstlich anruffen / das er vns in vnserer noth zu hülff komme. Denn er gedenckt an seine verheissung. Vber das werden wir hie gelehret / das Gottes werck / handel / vnd rath nicht verhindert werde durch die gebrechen der Natur. Denn ob gleich Zacharias gar alt / vnd sein Weib Elisabeth vnfruchtbar war / beide alters vnd natur halben / so hat doch Gottes rath sein fortgang / vnd wird Elisabeth schwanger nach dem willen vnd ordnung Gottes. Hierauß wöllen wir eine gemeine Regel setzen / nemlich / das Gottes beschluß / wille vnd rath durch nichts könne verhindert werden. Er hat beschlossen die Todten auffzuerwecken / Aber für der natur scheinet solches vnmüglich sein. Wem ist hie am meisten zu gleuben / der Natur / oder dem wort Gottes? Gott sol man geben den preiß der warheit / vnd es gewißlich darfür halten / das der / der da ist die allmechtige Warheit / vnd die warhafftige Allmechtigkeit / könne vnd wölle thun alles was er beschlossen hat / vnd fürnimpt. So empfehet nu die vn=

die vnfruchtbare/ vnd wird der betagte alte man
zum Vater/ auch wider die natur/ doch durch be
fehl des / der die natur erschaffen hat / welchen
Schöpffer das kind Johannes in mutter leibe
erkandte / Denn als Maria auff den befehl des
Engels/ nach der zeit jrer empfengknüß/ zu Eli=
sabeth kam/ hüpffet Johannes in Mutterleibe/
zum gezeugniß/ das Gott die kinder zu seinem
Reich anneme / vnd von jnen wölle geehret
sein / nach den worten des Psalms / Auß dem
munde der vnmündigen vnd seuglingen hastu
lob zugerichtet. Aber hiervon wöllen wir weit=
leufftiger handeln auff den tag der heimsuchunge
Marie.

DIe dritte vmbstendigkeit ist die geburt/ von
welcher Lucas also sagt/ daß der Engel zum Za
charia also hab gesprochē/ Dein weib Elisabeth
wird dir einen Sohn geberen / des namen soltu
Johannes heissen. Vnd du wirst des freude vnd
wonne haben/ vnd viel werden sich seiner geburt
frewen.   Vnd nach dem Johannes geboren
ward/ vnd die Nachbarn höreten/ was sich mit
Elisabeth begeben hatte/ preiseten sie die barm=
hertzigkeit Gottes / vnd freweten sich mit jr.
Diese vmbstendigkeit ermanet vns zur danckbar
keit gegen Gott/ für die empfangene wolthaten.
Sie ermanet vns auch zu Christlicher frolock=
ung/ nemlich/ das wir vns mit denen frewen sol
len/ die glück oder segen von Gott empfahen.

                                        Die

Sie erinnert vns auch der gebür/so fromen El=
tern zustehet/das wir vnsere kinder vnserm lie=
ben Herr gott heimgeben sollen. Sie ermanet
vns auch zur freude / welche wir auß dem segen
des HErrn empfahen/ das wir solche zur ehre
Gottes wenden sollen.

DIe vierde vmbstendigkeit ist/wie Johan=
nes sey erzogen worden/daruon der Euangelist
also spricht/Vnd das kindlein wuchs/ vnd ward
starck im Geist/vnd war in der Wüsten/biß das
er solte erfür tretten für das Volck Israel.
Vnd da er in der Wüsten war / wie Mattheus
anzeiget/ hatte er ein kleid von Camels haren/
vnd einen leddern gürtel vmb seine lenden/ Sei=
ne speiß aber waren Hewschrecken vnd wild
Honig.   Diß ist die beschreibung gar einer
strengen aufferziehung. Denn weil sein Ampt
gar ein wichtig Ampt sein solte / muste er nicht
in wollüsten aufferzogen / sondern von anbegin
seines lebens zur arbeit gewehnet werden. Deñ/
wie der Poet spricht/sich von jugend auff zu et=
was gewehnen/ das thut viel.

WAs sollen aber wir hierauß lernen? Sol=
len wir hie Möncherey lernen? Mit nichten.
Was denn? Wir sollen hie dreierley lernen/
Nüchterkeit/gehorsam gegen Gott/vnd gewon
heit zulebē. Denn nüchterkeit vñ messigkeit wird
in diesem exempel S.Johannis/nit allein den die=
nern des worts befohlē/sond'auch allē Christē in
gemein

gemein. Darnach / wird vns hie der gehorsam
gegen Gott/in vnserm Beruff aufferlegt. Denn
es ist hie nicht zu vermuten / das S. Johan=
nes im solch werck / vnd weise zu leben darumb
erwehlet habe / als sey es besser vnd heiliger in
der Wüsten zu leben / denn in gemein bey den
Leuten / Sondern er hat wöllen seinem beruff
gnug thun. Vber das wird vns in diesem Exem=
pel die gewonheit zu leben befohlen / nemlich/
das wir vns an ein hart leben gewehnen sollen/
darmit es vns nicht wehe thue / wenn wir viel=
leicht etwas herters leiden müssen. Die/so zart
lich erzogen sind / werden weiche vnd weibische
Leute/zu löblichen thaten gantz vntüchtig / wie
solches die erfahrung an vielen beweiset. Sein
liddern gürtel vmb den Leib her/war ein zeichen
des kampffs / den er in seinem ampt / mit den
Schrifftgelerten / Phariseern / mit dem König
Herode/vnd andern feinden des Reichs Chri=
sti/haben würde.

DJe fünffte vmbstendigkeit ist der Beruff
Johannis. Von dieser vmbst. .oigt. .t schreibet
Lucas also: Da geschach / spricht er / der Befehl
Gottes zu Johannes Zacharias Sohn / in der
Wüsten. Dieser Befehl war sein Geruffunge /
durch welchen er von Gott beruffen vnd erfo=
dert ward. Hic wird vns messigkeit vnd demut
befohlen/das wir nach dem exempel Johannis
warten sollen/biß das wir beruffen werden/ent
weder

weder ohne mittel von Gott / welches für zei=
ten offtmal geschach/ vnd auff solche weise sind
beruffen worden die Propheten/ Apostel / vnd
bißweilen auch andere. Oder durch mittel von
Gott/ das ist/ durch solche Leute/ welche macht
haben/ zun Emptern in der gemein/ oder in der
Kirchen zu beruffen. Wider solch Exempel
vnd tugend sündigen die fürwitzige / so da ohne
Beruff sich in die Empter dringen/ vnd steigen
durch Fenster vnd Dach hinein / der thür vn=
geachtet. Das sind die / die durch gute freun=
de/ oder durch geschencke vnd gaben sich in die
Kirchenempter flechten/ nicht zwar darumb/
das sie Gott dienen/ vnd die Kirchen erbawen
wöllen/ Sondern nur das sie jrem Bauch die=
nen/ welchs denn gemeiniglich vbel pflegte zu
gerhaten.

DJe sechste vmbstendigkeit ist das Ampt
Johannis/ daruon Lucas also redet: Vnd er
kam in alle gegend vmb den Jordan / vnd pre=
diget die Tauffe der Busse / zur vergebunge
der Sünden. Wie geschrieben stehet in dem
Buch der rede Jsaias des Propheten / der da
sagt/ Es ist eine stimme eines Predigers in der
Wüsten / bereitet den weg des HERREN/
vnd machet seine Steige richtig. Hie hören
wir vom Ampt Johannis / Nemlich / das er
teuffen vnd Busse predigen soll / das er dem
HERREN den Wegk bereiten / vnd auff

d   Chri=

Chriſtum weiſen ſoll. Dieweil es aber der erſte
Diener Gottes iſt / der aus Gottes Befehl
tauffte / iſt er Baptiſta / das iſt / der Teuffer ge=
nennet worden / Vnd weil er Buſſe predigte / iſt
er ein Prophet genennet worden / Vnd weil er
auff Chriſtum weiſet / wird er Elias genen=
net / drumb das er im geiſt vnd krafft Elie kam /
vnd dem HERREN den wegk bereitete.
In ſolchem ſeinem Ampte creugen ſich viel
ſchöner Tugenden / als beſtendigkeit / mann=
heit / Bekentniß / Creutz / Beſchirmung der war=
heit / ein ernſter fleiß vnd andacht zur fortſetz=
ung des Reichs Chriſti. Er furchte ſich nicht
für dem König Herode / er ſchewete auch nicht
die Phariſeer / ſondern bleib beſtendig bey ſei=
nem ampt biß an ſein ende.

DIe ſiebende vmbſtendigkeit / iſt das zeug=
nis Chriſti von Johanne. Von dieſer vmb=
ſtendigkeit ſchreibet Mattheus am ij. Capitel.
Als Johannes ins gefengkniß geworffen war=
de / ſandte er zwene Jünger zu Chriſto / auff
das ſie jn fragten / ob er der ſey / der da kommen
ſolte / oder / ob ſie auff einen andern warten
ſolten. Aber auff die antwort Chriſti / fol=
get balde das zeugniß Chriſti von Johanne.
Was ſeid jr / ſpricht er / hinauß gangen in die
Wüſten zu ſehen? Woltet jr ein Rhor ſe=
hen? Weil aber ſolch lob vnd zeugniß Chri=
ſti von Johanne / am dritten Sontag des
Aduents

Aduents gnugsam ist erkleret worden / will ich jetzund hieruon nichts weiter sagen.

DJe achte vmbstendigkeit / ist vom Tode Johannis/ vnd von den dingen / welche sich vmb / vnd nach seinem tode zugetragen haben. In anzeigung seines todes ist zu bedencken / die occasion vnd gelegenheit / die vrsach vnd art seines Todes. Item / das Exempel Johannis.

DJe gelegenheit vnd Occasion zu seinem tode war diß. Herodes nam zu sich seines Bruders Weib/vnd hiele sich gegen derselbigen / als gegen seinem Eheweibe. Als nu Johannes sahe / das solches dem göttlichen Gesetz / vnd natürlicher Erbarkeit zu wider war/sprach er zu Herode/ Es ist nicht recht / das du deines Bruders Weib habest. Solchs verdroß den Herodem / drumb ließ er Johannem ins gefengnis werffen. Zuuor aber/ehe solchs geschach/ hatte Herodes Johannem lieb / hielt jn für einen Propheten Gottes/vnd brauchet zu zeiten seines raths. Da aber Johannes anfieng/ den Ehebruch Herodis/vnd sein vngottseliges leben zu straffen / ward Herodes aus eim freunde jm zu einem feinde / vnd muste Johannes / gleich als ein Vbelthetter ins gefengkniß geworffen werden. Solchem des Herodis tyrannischem Exempel folgen jrer heut zu tage viel nach. Die haben die rechten diener Gottes lieb/

so lang

so lang/das sie mit der Predigt sie nicht angreiff
gen oder rhüren / vnd jre laster nicht straffen/
Aber so bald als sie jnen jre gebrechen anzei=
gen/greiffen sie jnen auff die köpffe / gleich wie
wahnsinnige Leute jren Ertzten.

DJe vrsache seines Todes / war der Eyd
Herodis. Denn als Herodes zu tische saß/
vnd die Tochter der Herodiadis gar höffelich
für jm tantzte/gefiel solchs tantzen dem Hero=
di so wol / das er jr mit eim Eyde verhieß / er
wolte jr geben / was sie von jm bitten würde/
biß auff die helffte seines Königreichs. Da
das Mägdlein solchs horte/ leufft sie hin zu jrer
Mutter/ vnd fraget / warumb sie bitten solle.
Die Mutter/welche dem Johanni gantz feind
war/darumb/das er jre vnzucht straffte / befil=
het der Tochter/ vnd spricht / die solle bitten
vmb das Heupt Johannis des Teuffers/ wel=
ches sie auch that / vnd erlangets. Denn von
stundan ward nach dem Hencker geschickt / vnd
Johannis im gefengknis entheuptet / vnd ward
sein Heupt dem Mägdlein gegeben. Diß ist
die vrsach des todes Sanct Johannis / vnd die
art oder weise seines todes. Sihe / also wird
hie gar ein thewerer Heldt / auff bitte eines
Mägdleins vmb den halß bracht / da doch kei=
ner / so jemals von Weibern geboren / grösser
war / denn eben dieser / wie Christus solchs
selbs bezeuget. Solch glück zwar hat die Kirche
Got=

Gottes. Hie sehen wir / das Christi Reich
durch Blut erbawet vnd erhalten werde. Sol=
chem Exempel Johannis sollen alle frome
diener des Worts nachfolgen / das nemlich / sie
viel lieber sterben wollen / denn das sie zu den
sünden vnd schanden der Leute durch die finger
sehen / vnd still schweigen wolten / gentzliches
vertrawens / das der / der das blut Johannis /
als ein höchlich angenemes Opffer / zu gnaden
angenomen / vnd jm hat gefallen lassen / auch
mitten in des fewers flammen / für sie sorgen
werde. Vnserm lieben Gott sey ehre / lob /
danck vnd herrligkeit von Ewigkeit /
zu Ewigkeit / A=
men.

Am tage der Heimsuch=
ung Marie / Euangelium /
Lucc am j. Cap.

MAria aber stund auff in
den tagen / vnd gieng auff das ge
birge endelich / zu der stad Jude /
vnd kam in das Hauß Zacharias / vnd
grüsset Elisabeth. Vnd es begab sich /

D iij als

als Elifabeth den gruß Marie høret /
hupffet das kind in jrem leibe. Vnd Eli=
ſabeth ward des heiligen Geiftes voll /
vnd rieff laut / vnd ſprach / Gebenedeyet
biſtu vnter den Weibern / vnd gebene=
deyet iſt die frucht deines Leibes.   Vnd
woher kömpt mir das / das die Mutter
meines HErren zu mir kompt ? Sihe /
da ich die ſtim deines gruſſes hørete / hü=
pffet mit frewden das kind in meinem
Leibe / Vnd o ſelig biſtu / die du geglеu=
bet haſt / denn es wird vollendet werden /
                                   was

was dir gesagt ist von dem HERRen.

Vnd Maria sprach:

MEine Seele erhebet den HErren/ Vnd mein Geist frewet sich Gottes meines Heilandes.

DEnn er hat seine elende Magd angesehen/ Sihe/ von nu an werden mich selig preisen alle Kindes kind.

Deñ er hat grosse ding an mir gethã/ der da mechtig ist/ vñ des name heilig ist.

Vñ seine barmhertzigkeit weret jmer für vñ für / Bey denen die jn fürchten.

ER vbet gewalt mit seinem Arm/ Vnd zurstrewet die hoffertig sind in jres hertzen sinn.

ER stösset die gewaltigen vom stuel/ Vnd erhebet die elenden.

DJe Hungerigen füllet er mit Gütern/ Vnd lest die Reichen leer.

Er dencket der barmhertzigkeit / Vnd hilfft seinem diener Israel auff.

WJe er geredt hat vnsern Vetern/ Abraham vnd seinem samen ewiglich.

Vnd Maria bleib bey jr bey drey monden/ darnach kerete sie widerumb heim.

d iiij   Erkle=

Erklerung des Texts.

WArumb die Fest der Heiligen/in der Kir=
chen eingeseßet sein / ist zuuor offtmals/
vnd sonderlich am tage Johannis des Teuf=
fers/angezeiget worden. Die summa aber sol=
cher angezeigten vrsachen / ist diese / Auff das
wir Exempel hetten/der Buße/vnd der Barmher
ßigkeit Gottes/ Oder/das ichs deutlicher sagen
möge.Erstlich/auff das/wenn wir sampt jnen
in sünde gefallen sein/wir an der vergebung der
sünden nicht zweiffeln/sondern vns an die gna=
de Gottes halten / vnd nach dem Exempel der
lieben Heiligen / ernstliche Buße thun sollen.
Darnach das wir jnen in jrem glauben nach=
folgen/wie Paulus vermanet/zun Römern am
4. da er den glauben Abrahams gar höchlich
preiset.Vber das/das wir jrem wandel vnd gu=
ten sitten nachfolgen/erbarlich/ Gottselig / vnd
gerecht leben/vnd verleugnen sollen das vngöt=
liche wesen/vnd weltliche lüsten / Wie Paulus
zum Tito am 2. lehret.

Von solches nußes vnd brauchs wegen ist
auch das heutige Fest eingeseßet/vnd nicht dar=
umb/das wir die heilige Jungfraw.Maria sol=
len anruffen/welches gar eine schreckliche Ab=
götterey ist/sondern auff das wir sehen vnd ler=
neten/wie wir vnser gemüt vnd ganßes leben
zur Gottseligkeit vnd tugend/nach dem exempel
der

der reinen Jungfrawen Maria/ anrichten vnd
bereiten sollen. Der jnhalt aber dieser historien
ist/das die Jungfraw Maria/nach dem sie sich
vom heiligen Geist schwanger sein/befindet/vñ
wuste / das auch jre gefreundtin die Elisabeth
in jrem alter mit einem Sohne schwanger gien=
ge/ zeucht zu jrer Mumen der Elisabeth / vnd
grüsset sie/ Darnach reden sie mit einander von
dem/das sich begeben hatte / vnd stercket eine die
andere. Auff das aber Maria jrer danckbar=
keit gegen Gott ein gewiß zeugniß darthete/
machet sie ein lied/vnd singet dasselbe Gott dem
HErren zu lobe. Folgen zween Artickel.

1. Von der Geschicht der Heimsuchung
   Marie.
2. Der Gesang der Jungfrawen Marie.

Vom Ersten.

JN der geschicht der Jungfrawen haben
wir fürnemlich vier vmbstende zu bedencken/
als da sind.

1. Wie Maria vnd Elisabeth eine der an=
   dern diene.
2. Der gruß Marie.
3. Das zeugnis Elisabeth vom glauben der
   Jungfrawen Marie.
4. Das wunderzeichen am kinde/ welches
   im Mutterleibe auffhupffet.

d v   DJe

Die erste vmbstendigkeit.

[SO Maria aber stund auff in den tagen/vnd
gieng auff das gebirge endelich / zu der Stadt
Juda / vnd kam in das Hauß Zacharie.] Die
selige Jungfraw lesst gar eine herrliche frucht
jres glaubens sehen/nemlich / ein werck der lie=
be gegen dem Nechsten. Denn ob sie gleich
noch ein junges Meidlein ist / verachtet sie doch
das alte Weib die Elisabeth nicht / sondern ge=
het gar eilends zu jr / auff das sie jr handreich=
ung thue / vnd sie tröste / vnd dencket also / Si=
he / es ist meine Mume nun ein altes schwa=
ches Weib / vnd vber das / das sie von natur
nicht haben kondte / das hat sie durch ein son=
derlich Wunderwerck Gottes bekommen / vnd
ist fruchtbar worden / darumb wird sie meiner
hülffe bedürffen/wil derhalben zu jr ziehen/auff
das ich jr diene / vnd wir vns durch Gottselige
gesprech vntereinander trösten / vnd im glauben
stercken mögen.

HJerauß sollen die jungen Weiber lernen/
wie sie gegen den alten Matronen gesinnet
sein / vnd sich verhalten sollen. Die Jung=
fraw Maria / ob sie gleich mit mehr vnd hö=
hern gaben/denn jrgend ein Weib in der gantzen
Welt/gezieret vnd geschmückt ist / wird sie doch
nicht stoltz oder hoffertig. Dencket nicht also/
Solte ich / die ich mit so herrlichen Gaben ge=
zieret/

zieret / die
viel mehr
trefflicher /
schönen E
mehr wöl
dienen.
Sonn / N
dardurch /
Brüder i
den vercht
selbigen / s
ter / vnd ist
Jhesu Chri
lich demin
sein. Höret d
zu freundlich
dem Alten.
Wer ns
Trempel s
gar grossen
lich wird er
gleich wie G
sille gute er gu
wird er auch
den / Denn g
send ist also
gen vnd freun
wenn er alt
werde. Den

ſieret / dieſem alten Weibe dienen? Sondern
viel mehr gedencket ſie / Je höher vnd für-
trefflicher ſie ſey / vnd je mehr ſie mit herrlichen
ſchönen Gaben andern Leuten vberlegen / je
mehr wölle es jr gebüren / andern Leuten zu
dienen.   Joſeph / ob jm gleich trewmete / das
Sonn / Mond / vnd eilff Sternen jn anbeten /
dardurch bedeutet ward / das ſeine Eltern vnd
Brüder jn dermahl eins / als einen Herrn / würden verehren / vberhebet er ſich doch nicht deſ-
ſelbigen / ſondern er dienet ſeinem alten Vater / vnd iſt jm gehorſam nach der Regel des
Jheſu Syrachs / Je höher du biſt / je mehr
dich demütige / ſo wird dir der HErr hold
ſein / Höre den Armen gerne / vnd antworte
jm freundlich vnd ſanfft / vnd demütige dich für
dem Alten.

WEr nach ſolcher Regel / vnd nach dem
Exempel Marie ſein leben anſtellet / der wird
gar groſſen nutz daruon bringen.   Denn erſtlich wird er genade bey Gott finden / Denn
gleich wie Gott den Hoffertigen widerſtehet /
alſo gibt er gnade den Demütigen.   Darnach
wird er auch gnade bey den Menſchen finden / Denn gleich wie jederman den Stoltzen
feind iſt / alſo liebet auch jederman die Demütigen vnd freundlichen. Vber das erlanget er / das
wenn er alt wird / er von der Jugend geehret
werde. Denn gleich wie das Gottes gerechtes

vrtheil

vrtheil ift/das der/ so in seiner Jugend die alten
verachtet / im alter widerumb verachtet werde/Also ift das Gottes gerechtigkeit / das der/
so in seiner Jugend die alten fürchtet vnd sie eh
ret/auch in seinem alter widerumb geehret / vnd
von den Jungen geliebet werde.Hie sollen vnsere Jungfrawen auch lernen/das sie nicht in alle winckel vnd frembde heuser vmbher lauffen/
nicht an müssiggang vnd faule tage sich gewehnen / sondern jre sachen fleissig vnd endelich in
Gottes furcht vnd zucht auffrichten / Es were
denn / das jnen dem exempel Dine nachzufolgen Bas gefallen würde/welche schande vnd vnehre mit sich zu hauß brachte/ denn das exempel
der Jungfrawen Marie/welche alle ehre / vnd
ein zeugnis ewiger erbarkeit mit sich heimbrachte. Für zeiten hatten die Jungfrawen keinen
höhern vnd liebern Schatz/ denn zucht vnd keuscheit/ Jetzt aber sind jrer viel / welche beide
mit kleidungen vnd geberden allerley vnzucht
an tag geben vnd offenbaren / vnter welchen
der meiste hauffe billiche straffe befinden vnd
erfahren müssen.

Die ander vmbstendigkeit.

DJe andere vmbstendigkeit ift jr gruß.
Denn so balde als Maria zum hause hinein
gieng/grüsset sie Elisabethen. Ein freundlicher
gruß

gruß ist ein anzeigung vnd zeugniß der freund=
schafft / der demuth / der gutwilligkeit vnd gunst.
Bey den Jüden war diese art zu grüssen ge=
mein / nemlich / Friede sey mit dir / Friede sey
mit diesem hause / welche art zu grüssen vns
vielerley erinnert.   Erstlich ist diese weise zu
grüssen ein Bekentnis / in welcher wir Beken=
nen / das aller friede / alles glück / vnd alle wol=
fart von Gott herkomme.   Zum andern ists
eine Bitte / Denn wer auß rechtem Christlichem
hertzen / spricht / Friede sey mit dir / ists gleich so
viel / als spreche er / Lieber Gott himlischer
Vater / ich bitte dich / das du diesem Menschen
deinen friede verleihen wollest / vnd jn Beschü=
tzen wider den Teuffel / welcher ein ewiger
vnuersühnlicher feind ist deiner Kirchen.   Zum
dritten / ist der gruß eine erinnerung / dardurch
wir den / den wir grüssen / erinnern / das er
Gott anruffe / das er jn / sein hauß / kinder vnd
gesinde schützen / vnd gnediglich erhalten wolle.
Zum vierden / ist der gruß vnd die wünschung
des friedes eine Bedeutung oder anzeigung / das
wir feinde habē / welche vns teglich nachstellen /
Werden derhalben dardurch erinnert / das wir
nicht schlummen vnd schnarchen sollen / son=
dern wachen vnd Beten / auff das wir nicht vn=
uersehener sache vnd plötzlich vnterdruckt wer=
den.   Zum fünfften / Ein Gottseliger gruß ist
eine dancksagung / Denn so wir andern Leuten
den

den friede wünſchen von Gott / erkennen wir
offenberlich / das allein vnſer HErr Gott /
welchen wir in ſolcher vnſer Bekentniß rhů=
men / den friede geben könne. Sollen derhalben
von der Jungfrawen.Maria lernen/mit freund
lichem grüſſen ein ander ʒu Beſuchen vnd ʒu
empfahen.

Die dritte vmbſtendigkeit.

DIe dritte vmbſtendigkeit iſt das ʒeugniß
Eliſabeth von dem glauben der Jungfrawen /
[Vnd Elſabeth ward des heiligen Geiſtes
voll/ vnd rieff laut / vnd ſprach / Gebenedeyet
Biſtu vnter den Weibern/vnd gebenedeyet iſt die
Frucht deines leibes / etc. Vnd o ſelig biſtu / die
du gegleubet haſt / denn es wird vollendet wer=
den/was dir geſaget iſt von dem HERRN.]
Eliſabeth wird des heiligen Geiſtes voll / wel=
cher ſie eigentlich vorgewiſſet von der empfeng=
nis der Jungfrawen Marie. Denn weil es
wider die natur iſt/das eine Jungfraw ſchwan=
ger gehe/hat der/der die Natur erſchaffen / ein
Lehrer vnd verkündiger ſein müſſen / der gna=
den vnd gaben/welche vber vnd wider die Na=
tur waren vnd geſchahen.   Darnach / als ſie
durch den heiligen Geiſt erleuchtet vnd geleh=
ret ward / rhümet ſie den glauben der Jung=
frawen/vnd ſpricht / [O ſelig biſtu / die du ge=
gleubet

gleubet haſt/] welcher kurtzer Spruch viererley
lehret. Denn erſtlich zeiget er an / das alle
die / ſo ohne glauben ſind / gar armſelige Leute
ſein. Darnach lehret er/das denen/ſo da gleu=
ben/ die ware Seligkeit beſcheret werde / wel=
che da iſt in JHeſu CHriſto / der aller Selig=
keit ein gar reicher oberfluſſiger Brun iſt. Zum
dritten/zeiget er an/welchs die frucht des glau=
bens ſey / da er ſpricht / [Denn es wird voll=
endet werden/was dir geſaget iſt/ vom HER=
REN/] als wolt ſie ſprechen/ Wiewol al=
ler Menſchen erfahrung hierwider ſchreiet /
die Natur vns ſolches verſaget/ vnd vnſer ver=
nunfft hierwider ſich ſetzet / ſo wirds doch
gleichwol geſchehen / was dir vom HER=
REN zugeſaget iſt/ Nemlich / das du eine
Jungfraw ſeyſt vnd bleibeſt/ vnd doch gleich=
wol nach ſeinem Wort einen Sohn gebereſt.
Hierauß ſollen wir lernen / was die rechte art
vnd natur des glaubens ſey / vnd das wir nach
dem Exempel der Jungfrawen/dem wort Got
tes gleuben ſollen / ob gleich die gantze Natur
vnd alle Creaturen vns des widerſpiels bere=
den wolten.

Die vierde vmbſtendigkeit.

Auff ſolchen gruß der Jungfrawen hupffet
das kind Eliſabethen in mutterleibe / vnd zeiget
mit

mit solchem geberde an / das der Messias vor=
handen sey. Diß ist fürwar gar ein groß wun=
derzeichen/das ein kind / so noch in mutter leibe
verschlossen/vnd noch nicht auff diese Welt ge=
boren ist / den erstatter vnd widerbringer der
Natur erkennet hat. Durch welches mirackel
der glaube Elisabeth vnd Marie gestercket/ vnd
die gütigkeit Gottes gegen dem kleinen kindlein
offenbaret wird/wie Gott für zeiten Abraham
geredet hatte / das er sein / vnd seines Vamens
Gott sein wolte biß in ewigkeit / vnd zu mehrer
sicherheit solcher verheissunge/ gab jm Gott ein
Gesetz/das / wenn ein kind acht tage alt were/
solte es beschnitten werden/Welche verheissung
dieweil sie auch vns angehet / so handeln die
Widerteuffer gar vnuerschämpt vnd gottloß/
das sie die jungen kinder der Christen nicht wol=
len teuffen lassen/das ist / sie wollen nicht / das
sich die des Bundes/vnd der versieglunge frewen
sollen/die doch der himlischen gnaden/ nach der
verheissung erben sein.   Die Widerteuffer
sagen also/Wer da höret vnd gleubet / den soll
man teuffen/Ein kind aber höret nicht/so kan es
auch nicht gleuben/ darumb soll man es keines
wegs nicht teuffen. Aber diese arme Leute jrren
sich/ die solten viel mehr also schliessen : Der
Christen junge kindlein haben die verheissung/
derhalben solche verheissung jnen durch die
Tauffe soll versiegelt vnd bekrefftiget werden/

gleich

gleich wie sie den jungen Kindern der Jüden durch die Beschneidung bekrefftiget vnd versiegelt ward. Das Wort der verheissunge beut vns die gnade an / das wort des Sacraments versiegelt die gnade / vnd lehrt vns durch ein symbolum oder zeichen / wie denn am tage von des Herrn Nachtmal gesetzt worden. Sollen derhalben vns den Johannem fürnemen / welcher in Mutter leibe des heiligen Geistes voll / vnd ein erbe ist der gnade / welche allen kindern zugehört / so die verheissung haben. Hierauff aber sprechen sie: Ja das war ein Mirackel. Ich bekenne es / das es ein mirackel sey / vnd ist zwar ein groß mirackel / wie denn alle werck Gottes in seiner Kirchen / mirackel vnd wunderzeichen sind / das setze ich aber hinzu / das eben diß mirackel vns lehre / das die kinder des heiligen Geists können vehig sein / vnd teilhafftig. Sind sie aber des heiligen Geistes vehig? Sind sie kinder Abrahams? Sind sie nach der verheissunge erben? Befilhet Christus selbst / das man sie solle annemen? Warumb solte man sie denn nicht teuffen? Sonderlich weil die Tauffe solcher benenter ding gleich als eine versieglung ist.

Vom Andern.

ALs nu Maria die wort Elisabeth von der gnade so Gott jr gethan / hörete / nemlich / das

sie

sie eine Mutter des Messie werden solte/bricht
sie herfür mit warer danckbarkeit jres hertzens
gegen Gott/welchen sie in diesem Gesang hoch
lobet/beide von wegen solcher hohen wolthat/
die jr widerfaren / vnd darnach von wegen
der Barmhertzigkeit/gewalt/vnd warheit/ die er
gegen dem Menschen vbet/in dem/ da er die/so
jn fürchten/ auß barmhertzigkeit zu gnaden an=
nimpt / die halßstarrigen vnd Gottlosen billich
straffet / vnd was er den Vetern für zeiten zu=
gesaget / jetzt mit dem werck endtlich erfüllet.
Der nutz dieses Gesangs ist/auff das wir nach
erkentnis Göttlicher barmhertzigkeit / an Gott
gleuben/nach erkentnis seiner gewalt jn fürch=
ten / vnd nach erkentnis seiner warheit / auff
jn hoffen/ vnd in gedult das jenige erwarten/
was vns Gott auß gnaden verheisset. Die
Barmhertzigkeit Gottes sollen wir halten wi=
der die Sünde / seine gewalt sollen wir.setzen
wider die tyranney des Teuffels / seine war=
heit wider allerley anfechtungen / welche ent=
weder vnser fleisch oder der Sathan vns anle=
get. Von wegen solcher vrsachen hat die alte
Christliche Kirche verordnet / das man diesen
Gesang der Jungfrawen Marie teglich in der
versamlung der Kirchen singen sol. Nu wöl=
len wir ein jeglichen Verß in sonderheit kürtz=
lich erkleren.

1. Mei=

1. MEine ſeel erhebt den HErrn.

2. VNd mein geiﬆ frewet ſich Gottes meiﬁ nes Heilands.

3. DEnn er hat ſeine elende Magd angeſeﬁ hen/Sihe/von nu an werden mich ſeﬁ lig preiſen alle Kindes kind.

DAs iﬆ/ Ich lobe vnd preiſe meinen Gott gantz herrlich / ich bin mit hertzlicher frewde gar vberſchüttet / vnd ſolches geſchicht/ von wegen GOttes meines Heilandes. Denn er iﬆ allein mein frewde / der mir ſolch groß Heil hat widerfahren laſſen. Er hat mich angeſehen/vnd aus lauter Gnade vnd Gunﬆ mich geringes verachtes Meidlein / Ceſeliget/ die ich bißher vnanſehelich/ elende/ vnd gleich wie ein armer Dienﬆbote gelebt habe / vnd er hat mich alſo angeſehen / das ich hinfurt nicht elende vnd veracht / ſondern als ſelig vnd reich von jederman zu allen zeiten ſolle gerhümet werden / denn mir ſo hohe Genaﬁ de widerfahren iﬆ / das ich eine Mutter des Meſſie werden ſoll / welcher mein Seligmaﬁ cher iﬆ/vnd aller derer ſo an jn gleuben.

AVß dem Exempel Marie ſollen wir diß lernen / Erﬆlich / Vnſer elende vnd nichﬁ tigkeit erkennen / vnd vns in warer Buſſe für GOtt beugen vnnd demütigen. Zum anﬁ dern / Die wolthaten Gottes gegen vns erkenﬁ

c ij

erkennen. Zum dritten/Gott rhümen vnd loben
von wegen seiner wolthaten. Zum vierden /
Andere Leut durch vnser Exempel zur danck=
barkeit reitzen.

4.   Denn er hat grosse ding an mir gethan der
        mechtig ist/vnd des name heilig ist.

Hie rhümet die keusche Jungfraw von kei=
nem verdienst / sie eigenet jrem vermügen oder
krefften nichts zu/sondern sie schreibets alles al=
lein Gott zu / der allein mechtig vnd gewaltig
ist/vnd welches name allein heilig ist / welcher
billich aller ehr vnd lobs werth ist. Denn so offt
man Gott nennet / sol man jn preisen von we=
gen seiner güte / weche in allen seinen wercken
erscheinet/als in seiner grossen barmhertzigkeit/
in seinem rechten gerichte/ in seiner gewalt vnd
warheit / wie solches die selige Jungfraw in
jrem Gesang stückweiß erkleret.

5.   VNd seine Barmhertzigkeit weret jmmer
        für vnd für/bey denen die jn fürchten.

Dieser Verß lehret vns dreierley. Erstlich/
das Gott barmhertzig sey. Zum andern / wie
fern sich Gottes barmhertzigkeit erstrecke. Zum
dritten/wem solche vnendliche barmhertzigkeit
widerfahre. Von der barmhertzigkeit Gottes
sind viel herrlicher sprüch vnd exempel. Ich wil/
spricht Gott/dein vnd deines samens Gott sein
in ewigkeit. Item/ich bin der Gott / der barm=
                            hertzig=

hertzigkeit vbet/ vnd im Propheten Esaia : Si=
he/hie bin ich/dein barmhertziger Gott vnd Her
re.Vnd Syrach spricht : Derr Herr ist gnedig
vnd barmhertzig/vnd vergibt sünde / vnd hilffet
in der noth. Daher nennet Paulus Gott den
Herrn einen Vater der Barmhertzigkeit / da er
spricht : Gelobet sey Gott/ vnd der Vater vn=
sers Herrn Jhesu Christi/ der Vater der Barm
hertzigkeit/vnd Gott alles trostes/ der vns trö=
stet in alle vnserm trübsal.Solcher barmhertzig=
keit haben wir viel exempel / vnter welchen diß
das fürnembste ist/ das er vns seinen eingebor=
nen Sohn gegeben hat/auff das die Welt durch
jn selig würde.Hieher gehöret der spruch : Also
hat Gott die Welt geliebet / das er seinen eini=
gen Sohn gab/ auff das alle die an jn gleuben/
nicht verloren werden/sondern das ewige leben
haben.Solcher Barmhertzigkeit figurn vnd bild=
niß haben wir am verlornen Sohn/Samariter/
verlornen Schafe/ vnd der gleichen.

WIe fern erstreckt sich diese barmhertzigkeit
Gottes?antwortet Maria also/ [Sie weret jm
mer für vnd für.] Das ist/zu allen stunden vnd
zeiten / bey allen Völckern vnd Landen/ lauts
des spruchs : Die Erde ist vol der güte des
Herrn.Hieher gehört auch diß wort des Psal=
mens: Denn der Herr ist freundlich / vnd seine
gnade weret ewig/vñ seine warheit für vnd für.
Nach der gerechtigkeit Gottes ist Adam sampt

allen seinen Nachkommen dem elende vnd jam̄er vnterworffen. Nach der Barmhertzigkeit Gottes ist Adam sampt allen seinen Nachkom̄en der gnaden teilhafftig worden / nur das sie hinfort nicht selbst mutwillig vber sich das gericht füren vnd ziehen. Hieher gehört der spruch Jesaie: Ich habe dich auch zum liecht der Heiden gemacht/das du seiest mein Heil/biß an der Welt ende. Vnd Simeon spricht: Ein liecht zu erleuchten die Heiden.

WEm widerfehret solche Barmhertzigkeit? Antwort Maria / denen die jn fürchten. Solches Bezeuget auch Dauid mit folgenden worten: Die gnade des HERRN weret von ewigkeit zu ewigkeit vber die so jn fürchten. Vnd abermal: Doch ist ja seine hülffe nahe denen die jn fürchten. Wo nu rechte furcht Gottes raum vnd statt hat/da ist auch die Barmhertzigkeit Gottes.

WElchs ist denn solche furcht Gottes? Es ist ware Gottseligkeit vnd Gottesdienst / welche bey denen gefunden wird/die sich mit hertzlichem vertrawen auff Christum verlassen. Hie sol aber fleissig gemerckt/vnd ein vnterscheid gemacht werden/zwischen der vrsach der Barmhertzigkeit/vnd qualitet oder geschickligkeit dere/denen sie widerfehrt. Es ist keine andere vrsach/denn der geneigte wille des Vaters in seinem geliebten / wie er denn selbst spricht : Das ist mein

mein lieber Sohn / an welchem ich wolgefallen
habe / durch welchen ich versünet bin. Die qua=
litet vnd geschickligkeit derer / welchen die barm=
hertzigkeit zu theil wird / ist nicht jr verdienst /
sondern das gemerckzeichen der Kinder Got=
tes / die durch den glauben zu Kindern worden
sein / nach dem spruch: Wieuiel jn aber auffna=
men / denen gab er macht Gottes kinder zu wer=
den / die an seinen namen gleuben. Allein durch
den glauben werden wir zu Kindern Gottes
geboren. Wenn wir aber nu Gottes Kinder
worden sind / sollen wir auch als Kindern Got=
tes gebüret / in aller Gottseligkeit / vnschuldt /
vnd andern Christlichen tugenden leben / welche
die Jungfraw Maria vnter dem wort fürch=
ten / begreiffet.

6. ER vbet gewalt mit seinem Arm / vnd
zerstrewet die hoffertig sind in jres her=
tzen sinn.

7. ER stösset die gewaltigen vom stuel / vnd
erhebet die elenden.

8. DIe hungerigen füllet er mit gütern / vnd
lesset die Reichen lehr.

Sie verkündiget hie Gottes vrtheil wider die
stoltzen / vnd seine barmhertzigkeit gegen die E=
lenden vnd Demütigen. Daruon die heilige
Schrifft / vnd die tegliche erfarung vns viel Ex=
empel fürhelt.

e iiij   9. Er

9. ER dencket der barmhertzigkeit/vnd hilfft seinem Diener Jsrael auff.

10. WJe er geredt hat vnsern Vetern/Abraham vnd seinem Samen ewiglich.

DAs ist / Vnser Herr Gott hat die verheissung der barmhertzigkeit erfüllet in dem / da er vns seinen Sohn sendet. Jst derhalben warhafftig/ vnd von wegen der warheit billich zu ehren vnd zu preisen. Vnserm lieben Gott sey lob/danck/vnd ehre von wegen seiner barmhertzigkeit/gewalt/ gerechtigkeit vnd warheit/ von ewigkeit zu ewigkeit/ Amen.

Am tage Michaelis des Ertzengels/ Euangelium Matth.am rviij.

ZV derselbigen stunde tratten die Jünger zu Jhesu/vnd sprachen: Wer ist doch der grössest im Himelreich? Jhesus rieff ein Kind zu sich/ vnd stellet das mitten vnter sie / vnd sprach: Warlich ich sage euch/es sey denn das jr vmbkeret/vnd werdet wie die Kinder/so werdet

werdet jr
Wer nu
der ist der
wer ein s
namen/

ergert dies
gleuben/ de
stein an sei
erseufft wi
sen ist.

Wehe!

werdet jr nicht ins Himelreich kommen.
Wer nu sich selbst nidriget/wie diß kind/
der ist der grössest im Himelreich. Vnd
wer ein solch Kind auffnimpt in meinem
namen/der nimpt mich auff. Wer aber

ergert dieser geringsten einen die an mich
gleuben/dem were besser/das ein Mühl=
stein an seinen hals gehenget würde/vnd
erseufft würde im Meer/da es am tieff=
sten ist.

Wehe der Welt/der ergernis halben.
c v Es

Es muß ja ergernis kommen / doch wehe
dem Menschen / durch welchen ergernis
kompt. So aber deine hand oder dein
fuß dich ergert / so hawe jn ab / vnd wirff
jn von dir. Es ist dir besser / das du zum
leben lahm oder ein krüppel eingeheſt /
denn das du zwo hende / oder zween füſſe
habeſt / vnd werdeſt in das ewige fewr ge=
worffen. Vnd ſo dich dein auge er=
gert / reiß es auß / vnd wirffs von dir.
Es iſt dir beſſer das du eineugig zum le=
ben eingeheſt / denn das du zwey augen
habeſt / vnd werdeſt in das helliſche fewer
geworffen.

SEhet zu / das jr nicht jemand von
dieſen kleinen verachtet / denn ich ſage
euch / jre Engel im Himel ſehen allezeit
das Angeſicht meines Vaters im Hi=
mel. Denn des Menſchen Sohn iſt
kommen ſelig zu machen / das verlo=
ren iſt / etc.

Erklerung des Texts.

Diß

DIß Feſt hat man in der Chriſtlichen kirchen darumb geordnet vnd gehalten / auff
das wir die wolthaten Gottes/welcher vns die
lieben Engel zu hütern gibt / lerneten erkennen.
Darumb auch die Kirche auff den heutigen
tag / fürnemlich von den Engeln gelehret vnd
vnterrichtet werden ſol. Weil aber dieſes Euangelij lection / welche man heute pfleget zu
handeln/ſonderliche lehren in ſich hat / wil ich
erſtlich den Text des Euangelij erkleren / darnach auch etwas von den Engeln ſagen.

VRſache dieſer Euangeliſchen Lection
kam her / auß der ehrgeitzigkeit der Jünger
Chriſti/welche / als jnen Chriſtus von ſeinem
abſchiede ſagte / ſich vntereinander zanckten /
wer doch vnter jnen für den gröſten ſolte gehalten werden / führete ſie Chriſtus aus dieſem
Irthumb / vnd ſtellet ein Kind mitten vnter
ſie / vnd ſprach : Es ſey denn das jr vmbkeh-
ret/ vnd werdet wie die Kinder / ſo werdet jr
nicht ins Himelreich kommen. Vber das vermanet er ſie /für ergernis ſich zu hüten / vnd befilhet vns die Kinder / das wir ſie in die gemeine der Kirchen auffnemen / vnd wiſſen ſollen/
das ſolcher das Reich Gottes ſey. Folgen vier
Artickel.

1. Eine diſputation der Apoſtel von jrem
Primatu / vnd wie ſie Chriſtus darumb ſtraffet,

2. Eine

2. Eine vermanung ergernis zu verhüten.

3. Ein befehl Christi / das man die kleinen Kinder auffnemen sol.

4. Von der Engel natur vnd ampte.

Vom Ersten.

DJe Jünger tretten hin zu Jhesu / vnd sprechen : [Wer ist doch der grösseft im Himel= reich ?] Hie müssen wir erstlich mercken auff die blindtheit der Jünger Christi / welche noch zur zeit nicht wissen oder verstehen / was Christi Reich für ein Reich sey. Die liessen sich bedün= cken als würde es ein eusserlich weltlich Re= giment sein / in welchem Christus / als der öber= ste Monarch / die Jünger aber neben jm als Fürsten vnd Heuptleute / vber die gantze Welt regieren würden / darumb fragen sie / wer doch vnter jnen der fürnemeste sein würde / vnd der nechste nach Christo. Mit solcher schrecklichen Blindheit waren jre hertzen eingenommen vnd bezeubert.

Darnach haben wir hie zu sehen den gifft des Teuffels / welcher auch in diesem heiligen werckzeuge Gottes krefftig war / nemlich in den Jüngern Christi / welche zu Aposteln be= ruffen / vnd zu Legaten des Königs Christi in sei nem geistlichen Reich verordnet waren. Was thut er ? Er beschmitzet sie mit dem abschewli=
chen

chen laster der hoffart / also / das sie nu anheben
zu disputieren / wer doch der fürnembste vnter
jnen sein solle / das ist / welcher vnter jnen vber
die andern herrschen werde.

Was thut Christus auff solche nerrische ehr=
geitzigkeit der Jünger? Er hette zwar sie billich
können verwerffen / als stolze Leute / vnd nicht
wirdig das sie zur verwaltunge seines geistlichen
Reichs gebraucht solten werden / aber er thuts
nicht / sondern vermanet sie gantz veterlich / vnd
gleich wie er jrem jrthumb abhilfft / also strafft
er das laster der hoffart gantz ernstlich / denn al=
so spricht er / [Jhesus rieff ein Kind zu sich /
vnd stellet das mitten vnter sie / vnd sprach /
Warlich ich sage euch / es sey denn das jr vmb=
keret / vnd werdet wie die Kinder / so werdet jr
nicht ins Himelreich kommen.] Hic leret Chri=
stus mit exempel vnd worten / was für Diener
oder Herren er in seinem Reich haben werde.
Er wil eine gleicheit haben / so viel das hertz
vnd gemüt belanget / Er wil nicht das einer
den andern hönischer weise verachte / Sondern
das sie freundlich vnd hertzlich vnter einander
gesinnet sein / einer dem andern helffe vnd ra=
the / Er wil nicht / das sie gleich wie die Heiden /
einer vber den andern trotzlich herrschen solle
in seinem geistlichen Reich. Denn in weltli=
chen Regimenten hat es ein andere gelegenheit.
Darnach machet er hic einen vnterscheid zwi=
schen

schen seinem / vnd der Welt Reiche. Wer
in weltlichen Regimenten der öberste ist / der
wil / das jederman jm diene / vnd jn ehre.
Herwider / wer hie im Reich Christi der O=
berste sein wil / der soll der andern aller Die=
ner sein / nicht mit worten wie der Bapst / son=
dern mit dem Werck vnnd mit der That selbst /
wie Paulus / Petrus / die Apostel / vnd an=
dere fromme Diener des Worts Gottes.
Also ist der der grössest in der Kirchen Chri=
sti / wer am meisten dienet.   Der kleineste
aber ist der / der am aller meisten will regieren /
vnd herrschen.   Auff das aber Christus
seine Jünger von solcher Ehrgeitzigkeit ab=
führen möge / setzet er gar eine ernste drew=
ung hinzu / vnd spricht : [Es sey denn das
jr vmbkehret / vnd werdet wie die Kinder / so
werdet jr nicht in das Himmelreich kommen.]
Was ist aber das / das CHRIstus wil / seine
Jünger sollen den Kindern gleich sein? O=
der scheinets nicht / als lehre Paulus viel
anders / da er auff solche weise den Corin=
thern schreibet? Werdet nicht Kinder an dem
verstendtniß.   Christus will / wir sollen den
Kindern gleich werden / so will Paulus / wir
sollen jnen nicht gleich werden.   Es ist bei=
des recht. Wir sollen den Kindern gleich sein /
vnd widerumb / wir sollen den Kindern nicht
gleich sein.

                                Den

DEn Kindern sollen wir gleich sein / Erst=
lich mit rechter Demut / vnd verleugnung vnser
selbst / wie der HERR spricht : [Wer nu sich
selbst nidriget / wie diß Kind.] Muß derhalben
der / der ein Jünger Christi sein wil / allen hof=
fart ablegen. Hieher gehört der spruch Christi /
Marci am achten : Wer mir wil nachfolgen /
der verleugne sich selbst / das ist / Wer mein Jün=
ger sein wil / der sol messig vnd nicht mehr denn
sichs gebürt / von sich selbst halten / jm nichts
stoltziglichen zuschreiben. Darnach sollen
wir den Kindern gleich sein / in Verdiensten /
denn gleich wie die Kinder sich gegen jren El=
tern nichts rhümen können von Verdiensten /
Also sollen auch die Jünger Christi gegen jrem
Herren gar keine wercke rhümen / Sondern sol=
len sich erkennen vnd bekennen für Kinder / die
ohne des Vaters sorge vnd hülffe nichts zu
thun vermögen. Zum dritten / sollen wir den
Kindern gleich sein in den Affecten vnd Be=
gierden. Denn gleich wie die Kinder sich in die
Veterliche trew gentzlich ergeben / Also sollen
auch die Jünger Christi sich in die trew vnd
schutz Christi gar ergeben / vnd allerley gut=
tes von jm gewertig sein. Zum vierden /
sollen wir den Kindern gleich sein / in leistun=
ge schüldiges gehorsams. Fromme Kinder
disputieren nicht mit jrem Vater / worzu diß
oder jenes solle / das er jnen befilhet / sondern
sie las=

sie lassen jres Vaters willen jnen eine Regel
sein / alles jres thuns vnd lassens / Gleich
wie Abraham that / der auff den befehl Got=
tes gantz willig vnd bereit war seinen eini=
gen Sohn zu schlachten. Abraham dachte
nicht / worzu soll diß Werck Gott dienen?
Meines Sohns todt ist mir gantz verdrieß=
lich vnd zu wider / vnd hilfft Gott gar nichts?
Sondern viel mehr gedachte er also / Mein
lieber GOtt / du befilhest mir das / darumb
will ich deinen willen / als einer Regel aller
meiner wercke / folgen / vnd dir schüldigen
Gehorsam leisten. Endtlich / sollen wir den
Kindern gleich sein an der Boßheit / das ist /
gleich wie die kleinen Kinder sich nicht bö=
ser Stücke befleissigen / nicht auff Geitz sich er=
geben / oder schendtlichen fleischlichen lüsten
nachhengen vnd nachtrachten / also sollen
sich auch die Jünger Christi von allem bösen
enthalten.

DEn Kindern aber sollen wir nicht gleich
sein / Erstlich / das wir nicht kindischer weise ner=
risch vnd alber werden / wie die Kinder zu thun
pflegen / in welchen die vernunfft oder sinn noch
nicht starck oder vollkommen sein. Darnach /
das wir nicht schwach im glauben sein / wie die
kinder / so alters halben die geistlichen ding / noch
nicht verstehen können. Zum dritten / das
wir dem Spiel vnd der Fantasey der fleischli=
chen

chen affecten nicht nachhengen sollen. Zum
vierden / das wir nicht wie die kinder / in Gottseliger lehre vngewiß vnd vnbestendig hin vnd
wieder wancken / vnd vns nicht / wie Paulus
saget / wegen vnd wiegen lassen von allerley
wind der Lehre / Sondern als heilige fromme
kinder vns halten / wie vns Petrus vermanet /
da er spricht / Seid als die jetzt gebornen kindlein / 1. Pet. 2.

NB setzet Christus hinzu / was die belohnunge der waren demut sein soll / vnd spricht /
[Wer ein solch kind auffnimpt in meinem namen / der nimpt mich auff.] Diß wort soll fleissig bewogen werden. Erstlich wil Christus in
diesem wort / das wir alle kinder gantz freundlich auffnemen / vnd lieb haben sollen / vnd das
von seinet wegen. Darnach bezeuget er hiermit / das alles / was den frommen Christen / in
seinem namen guts gethan wird / das rechne er
nicht anders / als were es jhm selbst wiederfah-
ren. Lieber / wen solte doch solche verheissung
nicht zu demütiger vnd williger dienstbarkeit gegen den seinen / vnd sonderlich gegen die gliedmassen der Kirchen / reitzen vnd treiben? Aus
dem gegentheil erinnert er von der straffe / welche vbergehen wirdt alle die / so jrgent einen
Menschen / der an Christum gleubet / verachtet haben. Wer aber / spricht er / ergert dieser geringsten einen / die an mich gleuben / dem

f   were

were beſſer / das ein Mühlſtein an ſeinen halß
gehenget würde / vnd erſeufft würde im Meer /
da es am tiefften iſt.] Es ſolte trawn vns
ſolche drewunge Chriſti billich zu rück halten /
darmit wir nicht andern Leuten ſo gar leicht=
fertiglichen zu ergernis vrſach geben. Aber
von dieſem Artickel wird folgendts gehan=
delt.

Vom Andern.

[Wehe der Welt / der ergernis halben / Es
mus ja ergernis komen / doch wehe dem Men=
ſchen durch welchen ergernis kömpt.] Die=
ſer Spruch Chriſti begreiffet drey ſtück in ſich /
Er lehret / was ſich noch werde zutragen / das
iſt / das die Welt werde voller ergernis ſein.
Darnach / das ſolche ergernis den Leuten ein
ſchmertzlich ach vnd wehe bringen werde / das
iſt / pein vnd ſtraffe / vnter welcher ſtraffe die
Leute vber ſich ſelbſt für groſſer angſt wehe
ſchreien werden. Es iſt aber wehe / wie Ba=
ſilius ſaget / ein klegliches heulen oder klagen /
mit welchem die / ſo vnter dem Creutz ſeuff=
tzen / jren ſchmertzen zu verſtehen geben.

Wer das lehret dieſer Spruch / das die kir=
che Chriſti hie in dieſem leben nicht viel ruhe
oder friede haben werde / Sondern wenn man
meinet / ſie ſey am aller ſicherſten / wird ſich
vnuer=

vnuerſehener weiſe ein Sturmwind erheben/ welcher ſie gantz hefftig bewegen vnd zerrütteln werde. Es wird die Kirche Chriſti hie in dieſer Welt ſein gleich wie der Vogel Halcyon/ der Winter zeit ſeine eyer im Meer auff den Felſen leget/ſeine Jungen außbrütet/ vnd nehret. Dieſer Vogel ▓▓ ſich keines ſchönen tages oder guten wetters verſehen/ ſondern muß zu glück vnd vnglück bereitet ſein/ Wenn das Meer ſtille iſt/ ſo frewet er ſich mit ſeinen Jungen/ Wenn ein vngeſtühm wetter ſich erhebet/ ſo erleidet ers gar ſtandthafftig/ vnd hoffet ſtets auff beſſere zeiten vnd ſchönes wetter. Alſo iſt die Kirche inn dieſer Welt/ gleich wie in einem Meer/ in welchem ſie Kinder gebieret/ ſie kan nimmer nicht ſicher ſein für den vngeſtümigkeiten der Welt/ als da ſind/ die falſche Propheten/ der Teuffel/ vnſer eigen Blut vnd Fleiſch/ vnd vieler Leute verderbliche ſitten/ Böſes leben vnd Exempel. Wenn ſolche wetter oder ſturmwinde auff die Kirche zu ſtreichen/ ſol ſie glück vnd vnglück zu erleiden/ ſich gerüſt finden laſſen/ Aber doch ſo wird die heilige Kirche Gottes/ endtlich allem. vnglück/ vormittels jres Siegmans Jheſu Chriſti/ obligen/ vnd ritterlich ſiegen.

Wenn wir dieſen CHRISTVM in rechtem glauben ergreiffen/ ſo werden wir

f ij　　　die

die Welt auch vberwinden / lauts des spruchs
Johannis: Vnd vnser glaube ist der sieg / der
die Welt vberwunden hat. Warumb vberwin=
det er die Welt? Darumb das er Christum
hat.

DArnach vermanet vns dieser Spruch
Christi / das wir Gott entweder selbst mit wort
oder that ergerniß geben / oder vns durch er=
gerniß vom rechten wege lassen abführen / in vo=
rige finsterniß wiederumb geralten / vnd vom
HErren Christo vnserm heilande nicht schend=
lich abfallen sollen / wie heutiges tages vielen
wiederfehret / wenn die Sophisten vnd die Ty=
rannen alle ding nach jhrem gefallen leren vnd
verkeren.

ZVm dritten stercket vns diß wort Christi
im glauben an Christum. Denn weil wir se=
hen das ende oder den ausgang der sachen /
mit der weissagung oder worten CHRJ=
STJ vberein kommen / werden wir verge=
wisset des Euangelij halben / vnd wirdt vnser
glaube gestercket / auff das wir nicht mit dem
grösten theil der Welt das Euangelium Chri=
sti verleugnen.

DAs ander so in diesem spruch Christi be=
griffen ist / ist eine dunckele anzeigung / aus was
vrsachen die ergerniß herkommen / [Es müssen
ja / spricht er / ergerniß kommen /] Woher kompt
denn

denn solch müssen? Kompts von Gott? Mit
nichten. Denn Gott ist nicht ein anfenger des
bösens / hat auch nicht gefallen am ergerniß /
sondern er zürnet gar hefftig wider die / so er=
gerniß anrichten / wie solches seine straffen be=
weisen. Woher kompts denn? Kompts vom
Teuffel? Ja warhafftig kompts vom Teuf=
fel. Denn dieser Bößwicht hat sonst nichts
anders für / denn das er die Kirche Christi mit
ergernissen in der lehr / im leben/ vnd im Creu=
tze / erfülle / vnd zu nichten mache. Da nimpt
er zu sich die Sophisten / heuchler/ vnd Tyran=
nen dieser Welt / dieselbigen reitzet vnd treibet
er allerley zu versuchen vnd fürzunemen / das
jrgent zu zerstörunge oder zerrüttunge der Kir=
chen Christi dienen mag. Welches die geschicht
der Kirchen beweisen / vor der Sündflut / nach
der Sündflut / in Egypten / in der wüsten / in
mancherley verfolgungen vnter den Richtern/
Königen vnd Fürsten / in der gefengniß / nach
der gefengniß / biß auff die zukunfft vnd ge=
burt CHRISTI. Darnach so gibt die
historia der Kirchen viel zeugnisse von den er=
gernissen / die sich nach der geburt Christi zuge=
tragen haben/ mit welchen der Sathan die Kir=
che Christi gantz feindtlich angreiffet.

DAs dritte / welchs der Spruch Christi in
sich helt / ist eine drewunge der straffe / welche
f iij die/

die / so ergernis von sich geben / erleiden müſſen. [Doch wehe dem Menſchen / ſpricht er / durch welchen ergerniß kömpt.] Zeiget derhalben an / es werde gewiß geſchehen / das die / ſo ergernis von ſich geben / gar grewlich ſollen geſtraffet werden. Vnd iſt hie kein zweiffel / das er von der ewigen Straffe rede.

AVff das wir vns aber deſto fleiſſiger hüten mögen / darmit wir nicht jrgend zu ergernis vrſachen geben / wil ich kürtzlich lehren / was für art der ergernis wir meiden ſollen / welche nach den vrſachen / darauß ſie flieſſen / einen vnterſcheid haben.

EJne art des ergernis iſt / ſo aus Gottloſer lehre / oder aus verfelſchung der lehre / in der Kirchen entſtehet. Wer auff ſolche weiſe einen andern ergert / der folget ſeinem Vater dem Teuffel / der die erſten Menſchen mit ſolcher art des ergernis angriffen / vnd ſie gefellet hat / Gene.3.

DJe ander art des ergernis iſt / ſo aus Böſem leben herkompt / das iſt / wenn andere Leute auff dich ſehen / vnd lernen deine böſe Sitten von dir. Wer die Leute auff ſolche weiſe ergert / der bawet das Reich des Sathans / vnd zerſtöret das Reich Chriſti / derhalben man ſich hierfür höchlich hüten ſoll. Lieber / wieviel ſind jr / die nicht ſolche art des ergernis von ſich geben?

geben? Sihe an die Geistlichen / das gemeine
Volck / die Oberkeit / die Vnterthanen / so
wirstu befinden / das alle Stende voller erger=
nis stecken / also das Christus nicht vmb sonst
saget / Wehe der Welt der Ergernis hal=
ben.

DJe dritte art der ergernis / kompt her aus
dem mißbrauch der dinge / welche jrer natur
halben mittelding sein. Dieses ergernis soll
man meiden / auff das man die schwachen nicht
ergere. Die versteckten vnd Gottlosen sol
man hierinnen nichts achten / wie denn Chri=
stus selbs gethan hat. Vom ergernis aber ha=
ben wir andershwo gesaget.

Vom Dritten.

[Sehet zu / das jr nicht jemand von die=
sen kleinen verachtet / denn ich sage euch / jre
Engel im Himel sehen allezeit das Angesicht
meines Vaters im Himel.] Hie befilhet vns
Christus die Kinder / das wir sie nicht jr=
gend ergern / vnd gibt bald hierauff vrsachen/
[Denn ich sage euch / jre Engel im Himel se=
hen allezeit das Angesicht meines Vaters im
Himel.] Das ist / Weil Gott so hertzlich für
die Kinder sorget / das er jnen die heiligen En=
gel zu hütern zugibet / so wil vns nicht gebüren
dieselbigen zu verunehren. Hie sollen wir
mercken/

mercken / das die kinder die lieben Engel zu
wechtern haben / welche sie für dem feinde dem
Teuffel beschützen. Darnach sollen wir hier=
durch gereizet werden zur danckbarkeit gegen
Gott / für solche hohe wolthat. Vber das sol=
len wir vns befleissigen sie mit gutem wandel
zu erhalten. Endlich sollen wir vns hüten/das
wir nicht jrgent mit einem Gottlosen wandel/
oder vnreinem leben die lieben Engel von vns
jagen / welche sich droben im himel frewen
vber der heiligkeit vnd reinigkeit der frommen
Christen.

Vom Vierden.

DAs vierde / so ich proponiert habe / war
von den Engeln / von welcher natur vnd ampt
ich kürtzlich reden wil / auff das wir wissen
mögen/ was die Kirche für wechter habe / auch
verstehen lernen / in was gefahr wir teglich
stehen.

EJn Engel ist eine geistliche Creatur Got=
tes/verstendig/gewaltig/ erschaffen zum dienste
Gottes vnd seiner Kirchen / Von welchem
jrem ampte/darumb sie erschaffen / etliche sind
abgewichen/ vnd zu feinden der Kirchen Got=
tes worden / Etliche aber sind nicht abgewi=
chen/ sondern sind blieben in jrer vnschuldt / in
welcher

welcher sie Gott vnd der Kirchen dienen / von
welchen die Epistel zun Hebreern also spricht/
Sind sie nicht allzumal dienstbare Geister/auß=
gesandt zum dienste/vmb der willen/die ererben
sollen die Seligkeit? Von den Bösen Geistern/
spricht Christus / Das der Sathan sampt allen
den seinen ein lügener vnd mörder sey von an=
fang. Vnd Petrus spricht/Der Teuffel gehet
vmbher / wie ein Brüllender Lewe / vnd suchet
wen er verschlingen möge. Hierauß ist leichtlich
zuuerstehen / das die Kirche hie in dieser Welt
gleich wie eine stadt sey / welche / gleich wie sie
die heilige gute Engel inwendig schützen vnd Be=
wachen/ also Bestreiten vnd stürmen sie die Böse
Geister von aussen. Weil wir denn in solcher
grossen gefahr sein/sollen wir Gott trewlich Bit
ten/ das er vns mit seinen lieben Engeln hüte
vnd Beware/ vnserm lieben Gott sey lob/
ehr/vnd gewalt/von Ewigkeit zu
Ewigkeit / Amen.

Am Tage Allerheili=
gen/Euangelium/Mat=
thei am 5. Ca=
pitel.

f v   DA

Da aber Jhesus das Volck sahe/gieng er auff einen Berg/ vnd satzte sich/vnd seine Jünger tratten zu jm. Vnd er that seinen mund auff/lehret sie / vnd sprach / Selig sind die da geistlich arm sind/denn das Himel reich ist jr. Selig sind / die da leide tragen / denn sie sollen getröstet werden/ Selig sind die Sanfftmütigen/denn sie sollen das Erdreich besitzen. Selig sind/ die da hungert / vnd durstet nach der ge=
rechtig=

rechtigkeit / denn sie sollen satt werden. Selig sind die Barmhertzigen / denn sie werden barmhertzigkeit erlangen. Selig sind / die reines hertzens sind / denn sie werden Gott schawen. Selig sind / die Friedfertigen / denn sie werden Gottes kinder heissen. Selig sind / die vmb Gerechtigkeit willen verfolget werden / denn das Himelreich ist jr. Selig seid jr / wenn euch die Menschen vmb meinet willen / schmehen vnd verfolgen / vnd reden allerley vbels wider euch / so sie daran liegen / Seid frölich vnd getrost / Es wird euch im Himel wol belohnet werden.

Erklerung des Texts.

ES sind die Fest der Heiligen nicht ohn sonderliche wichtige vrsachen in der Kirchen eingesetzt vnd verordnet / derer ich etliche ordentlich nacheinander erzelen will / auff das wir die Feste der lieben Heiligen vns zum besten gebrauchen mögen.

DJe erste vrsach ist / das man die geschichten der kirchen wissen möge. Denn diß ist gantz nützlich /

nützlich/darumb das wir daraus lernen/den zu=
stand der Kirchen/vnd was für Beschützer/freun
de vnd feinde sie gehabt habe.

DIe andere/Das man die wolthaten Got
tes gegen die glieder der Kirchen erkenne vnd be=
trachte. Paulus ist aus einem verfolger ein A=
postel worden. Petrus der den HErrn Chri=
stum verleugnete/ist wider zu gnaden kommen.
Maria Magdalena die sünderin wird zu einer
Tochter angenomen/ da sie sich mit festem glau
ben an Christum hielte. Christus erzeigete sich
sichtbarlich dem heiligen Stephano in seiner letz=
ten todes noth. Also sehen wir an einem jegli=
chen Heiligen eine sonderliche wolthat Gottes.

DIe dritte/Das wir/nach betrachtung sol=
cher wolthaten Gottes gegen den Heiligen/
Gott dem HErren hertzlich danck sagen/ das er
gegen den armen Sündern/ die sich durch war=
hafftige rew vnd Busse zu Gott bekeret haben/
also gnedig gewest ist/sie zu gnaden angenomen/
mit so herrlichen vnd viel wolthaten gezieret/
vnd mit seinem heiligen Geist hie in dieser Wü=
sten geregiert habe.

DIe vierde/Das man die mancherley fell/
so sich mit den Heiligen zugetragen/ betrachte/
vnd sie halte gegen die gefehrligkeiten vnserer
zeit. Denn gleich wie für zeiten die fromen von
den Gottlosen vnterdrücket worden / also ge=
hets noch heutiges tages zu. Für zeiten frewe=
ten

ten sich die lieben Heiligen vnter fromer Ober=
keit / zu zeiten musten sie die schwere lasten der
Tyrannen leiden / Also gehets noch heutiges
tages zu. In solchen mancherley fellen sollen
wir vns trösten mit den Exempeln der Hei=
ligen.

DJe fünffte / Das wir den Heiligen sollen
nachfolgen / in warer Busse / leben / Gottesdien=
ste / Bekentniß / Bestendigkeit / geduld / vnd andern
tugenden. Sollen derhalben die lieben Heiligen
vns sein gleich als Exempel / vnd Regel alles
vnsers lebens. Gottes wort erfodert von vns /
Busse / Gottesdienst / Bekentniß / gedult / Aber die
lieben Heiligen Gottes geben vns dieses worts
reichliche Exempel.

DJe sechste / Auff das wir die gemein=
schafft der Heiligen mit hertzlichem seufftzen
Begeren / vnd endtlich aus diesem Jamerthal
erlöset / seliglichen mit Christo in Ewigkeit le=
ben mögen. Von dieser vrsache wegen /
spricht Christus seine Jünger selig / ob sie gleich
hie in diesem leben mit mancherley vnfall vnd
Jamer geplaget werden. Vnd hieher gehört
das heutige Euangelium / von den mancher=
ley Seligkeiten / wie wir jetzt hören werden /
Wollen derhalben eine jegliche Seligkeit son=
derlich vnd ordentlich zu erkleren / für vns ne=
men.

Ein einiger Artickel.

1. Von

1. Von der Seligkeit der Jünger Chri=
sti.

[Selig sind / die geistlich arm sind / denn
das Himelreich ist jr.]   In diesem Spruch
zeiget Christus an den ersten grad zu den höch=
sten Gütern.   Die allerhöchsten Güter sind/
Besizung des Himelreichs / vnd des ewigen
Lebens. Aber der erste Grad zu solchen Gü=
tern ist die Armuth des Geistes / wenn wir
durch diese zerstossen vnd geengstiget werden/
fülen vnd besinden wir vns an aller Gerech=
tigkeit arm vnd dürfftig sein.

WAs sagstu ? Schleusst denn vns diese
Armuth nicht auß / aus dem Reich Got=
tes ? Gleich wie das recht gesagt ist : Der
erste Grad zur gesundtheit ist / das man die
Seuche oder Kranckheit wisse / denn wer die=
selbige weiß oder kennet / der suchet auch be=
queme Arzney darzu.   Also ist das der er=
ste Grad zu den himlischen Gütern/ Nemlich/
Armuth des Geistes / denn wer dieselbige
empfindet / suchet vnd trachtet nach anderen
Gütern.   Vnnd gleich wie die Kranckheit
von natur ein Grad ist zum Tode / es sey
denn das der Arzt helffe / Also führete vns
diese Armuth stracks weges zur Hel=
len / wo vns nicht CHRIstus seine Gü=
ter mittheilete.   Werden derhalben vns die
geistlichen Güter nicht aus Verdienst der
Armut)

Armut geben / sondern aus wolthat vnd gna=
de des himlischen Königes / welchen auff das
wir recht anruffen mögen / vns die empfin=
dung solcher geistlichen Armuth / lehret vnd
treibet. Ist derhalben diß die meinunge die=
ses Spruchs / Es bedürffte es gar nicht / das
sich die für armselige Leute halten wolten /
die in jrem Gemüth rechtschaffen fülen / das
sie aller Gerechtigkeit mangeln / sintemal sol=
che empfindunge der Armuth der erste Grad
ist / durch welchen man zu den höchsten Gü=
tern gelanget / das ist / ins Himelreich kompt /
nicht zwar durch sich selbst / oder von wegen
der Natur solcher Armuth / Sondern dar=
umb / das sie vnns zwinget zu suchen den /
der allein der rechte Wegk zum Himmel
ist.

WAs aber geistliche Armut sey / kan leicht=
lich verstanden werden / wenn man eins gegen
dem andern helt. Denn gleich wie bettlerische
Armuth nicht allein eine eusserste Dürfftig=
keit vnd mangel ist / sondern auch eine offent=
liche Profession vnd vbung des bettelns / Also
ist auch die Armuth des Geistes nicht allein
eine höchste Nottürfftigkeit oder mangel der
Himlischen Güter / als nemlich / der Gerech=
tigkeit / heiligkeit / vnd vnschuldt / Sondern
auch eine offentliche Profession vnd bekentnis
derselbigen für vnserm HErr Gott / welchen
wir

wir ſtets bitten / das er vns zu hülffe komme in
vnſer Armut / von wegen ſeines Sohns Chriſti. Stehet derhalben dieſe Armut in warer
Buſſe / vnd hertzlichem begeren der Himliſchen
Güter.

DIe Mönche haben dieſes Spruchs miß-
brauchet. Denn hieraus haben ſie gelehret /
das durch Armut / das iſt / Bettlerey / die Leute
das Reich Gottes verdienen / da doch Paulus offenberlich ſaget zun Römern am 6. Capitel. Gottes gabe iſt das ewige leben / in Chriſto
Iheſu vnſerm HERren. Iſts eine gabe aus
gunſt vnd lauter gnade / ſo wirds warlich nicht
durch Armut zu wegen bracht / welche zwar
nach ihrer Natur nichts verdienet / ſondern
iſt eine ſtraffe / vnd kompt her / zum theil auß
verſchwendunge der Güter / zum theil auß
faulheit / Iſt auch bißweilen eine ſtraffe jrgend
einer ſünde halben / bißweilen iſt ſie eine prü-
fung oder bewehrung / als wie da war die Armut Laſari.

[Selig ſind / die da leide tragen / denn ſie
ſollen getröſtet werden /] Das iſt ein wunder-
liche Predigte. Er ſpricht die ſelig / die da leide
tragen / ſo doch der Seligkeit nichts ſo hefftig
widerſtreitet / als leid oder trawrigkeit / Es
iſt aber dieſer Spruch Chriſti nicht zu verſtehen
von der zeit des trawrens / ſondern vom
außgange. Denn alſo ſpricht er / [Denn ſie.
ſollen

Rügen,
ſulte leern
das Joh.ſim
Creur zu
zu der Frew

dches Ime
beten hie
Iemen hi
wira de ber
Meritier
weg lere ·
L Dis em
i wirds nac
bracht / ter
verdient
her / ſame
ter / zum
len ene ſtra
edlen vn ſe
wre ſi wir

de wegen
Das iſt em
die ſelig vñ
eit nichts ſe
r traurigke
nicht zu ſ
i / ſondern
t er / ! Der
ju

ſollen getröſtet werden/] nemlich /durch endung
jres trawrens hie in dieſer Welt. Dieſe traw=
rigkeit oder leid wird verurſacht /zum theil durch
die armuth des Geiſtes / zum theil durch das
elende vnd mancherley vnfell dieſes gegenwer=
tigen lebens / welche vns gleich als ein fewer
Brennen vnd prüfen /vnd treiben vns / gleich als
mit ſporn /die ewige frewde zu Begeren / welche
alle vnſere thränen abwiſchen wird. Iſt derhal=
ben das leid nicht an ſich ſelbſt eine vrſache der
Seligkeit / ſondern weil es vns zu Chriſto trei=
bet /welcher alles troſts ein anfang iſt.

GEhört derwegen hieher der Spruch Pau=
li / Wir rhümen vns auch der trübſaln / dieweil
wir wiſſen / das trübſal geduldt Bringet / Ge=
duldt aber Bringet erfahrunge / Erfahrunge aber
Bringet hoffnung / Hoffnung aber leſſet nicht
zu ſchanden werden / denn die liebe Gottes iſt
außgegoſſen in vnſer hertz. Hierauß iſt leicht=
lich zu verſtehen / das Chriſtus nicht rede von
einem jeglichen leide oder trawren /ſondern von
der trawrigkeit / die nach Gott geſchicht / vnd
nicht nach der Welt.

[Selig ſind die ſanfftmütigen / denn ſie ſol=
len das Erdreich Beſitzen.] Die ſanfftmütigen
ſind /verſühnliche /gelinde /gütige / vnd freundt=
liche Leute / die jre Affecten lindern / wenn ſie
Geleidiget werden / ſind ſie zur verſünung wil=
lig /wollen lieber jre ſachen verlieren /denn dar=

umb hadern oder zancken. Diese tugend / die
Sanfftmütigkeit / kompt her auß rechter furcht
Gottes/vnd warer demut/ welche Chriſtus den
ſeinen befohlen hat / da er ſpricht : Lernet von
mir / denn ich bin demütig / vnd von hertzen
ſanfftmütig. Das iſt die regel / Chriſti Jünger ſollen ſanfftmütig ſein. Aber dieſer Regel
exempel iſt Chriſtus ſelbſt. Denn das wil Chriſtus haben / wenn wir ſolcher tugend nachge-
dencken / ſollen wir auff jn ſehen. Es ſpricht
nicht Chriſtus / Lernet von mir die Todten
aufferwecken/die Teuffel vertreiben / auff dem
Meer mit trockenen füſſen wandeln/ viertzig tage vnd ſo viel nacht ohne Speiſe leben/ ſondern
alſo ſpricht er : Lernet von mir / denn ich bin
demütig/vnd von hertzen ſanfftmütig. Solche
demut hat neben ſich die Brüderliche liebe / von
welcher Chriſtus ſaget : Daran wird jederman
erkennen / das jr meine Jünger ſeid / ſo jr liebe
vntereinander habt.

Was wird aber den Senfftmütigen verheiſſen? Die Seligkeit / vnd ſolches geſchicht von
wegen des endtlichen außgangs / Denn ſie ſollen das Erdreich erblich beſitzen. Hie wird
das Erdreich ſelig genennet/nicht darumb / das
wir auff Erden ſtets leben werden / ſondern
von wegen der figur. Denn das Erdreich
oder Land ſo für zeiten den Vetern verheiſſen
ward / war eine Figur vnnd Vorbildnis des
Himel-

Himmelreichs / Also hat vnter des die War=
heit den namen eines schattens tragen müs=
sen.

DIe jenigen / so dieses Spruchs gebrau=
chen/zur befestigung der lehre von verdiensten/
als köndten wir durch vnsere eigene Tugenden
den Himel verdienen / sind Narren / vnd ver=
stehen die wort Christi nicht / denn er spricht /
Sie werden das Erdreich besitzen / *iure hære=*
ditatis, das ist / erblichen. Wo ist nun dasselbi=
ge recht der Erbschafft? Sein wir nicht dar=
umb Erben/ darumb das wir in Christo durch
den glauben auß gnaden sind zu Kindern an=
genommen worden? Spricht nicht Paulus?
Gottes gabe ist das ewige leben durch JHe=
sum Christum vnsern HERrn. Es ist viel
ein ander ding / reden von den vrsachen der
Seligkeit/ vnd reden von den newen qualiteten
oder geschickligkeiten / derer / so da erben sind
der Seligkeit.

[Selig sind die da hungert vnd dürstet nach
der Gerechtigkeit/ denn sie sollen satt werden.]
Die Christen können hie in diesem leben nim=
mer so viel Wassers aus dem Brunne der Se=
ligkeit schöpffen/ das sie nicht mehr dürsten sol=
ten. Derhalben tröstet sie hie Christus / vnd
saget jnen zu / sie sollen endtlich gesetiget wer=
den/ von welcher setigung wegen/ sie sich für se=
lig erkennen werden.

Ein

Ein jeglicher so nach der Gerechtigkeit hungert
vnd dürstet/ der wünschet zweierley. Erstlich/
das Gott durch rechtschaffene lehre / heiliges
leben vnd bekentniß offentlich gepreiset werde.
Darnach/ das ein jeder in sonderheit für sich
selbst Gott erkenne / einen glauben an Christum bekomme/ mit dem heiligen Geist erfüllet
werde / vnd durch ein heiliges vnschüldiges leben nach der gerechtigkeit Gottes trachte. Von
solcher settigung redet der Prophet Dauid/
Welche als denn / spricht er / wird vollbracht
werden/wenn er erwache nach dem bilde Gottes. Denn dazumaln vnd daselbst / wie die Of-
fenbarung Johannis meldet / werden die Heiligen nicht mehr hungern oder dürsten.

[Selig sind die Barmhertzigen/ denn sie werden Barmhertzigkeit erlangen.] Hie wird vns befohlen die Barmhertzigkeit gegen den Elenden.
Denn Christus wil nicht/das seine Jünger allein mit jrem selbst vnd eigenem vnglück sollen
mitleiden vnd erbarmunge haben / sondern sich
auch anderer Leut noth annemen/welches denn
ein rechtes werck der liebe ist. Auch wil Christus nicht/das wir alleine vns anderer Leute halben bekümmern / sondern er erfodert auch das
werck vnd die that/er will/ das wir dem Not-
türfftigen rhätlich vnd hüfflich erscheinen sollen. Auff das man sich aber der Leute vndanck
hieruon nicht lasse abschrecken / setzet er eine
verheis-

verheissunge hinzu. Denn er sagt vns zu / das
wer Barmhertzig sey gegen seinem nechsten / der
sol auch widerumb Barmhertzigkeit erlangen/
nicht alleine bey Gott / sondern auch bey den
Menschen. Gott saget den Barmhertzigen seine
Barmhertzigkeit zu/vnd verschaffet auch das wir
bey dem menschen Barmhertzigkeit finden/in de=
me / da er jhre hertzen lencket vnd neiget vns gu=
tes zuthun.

[Selig sind die reines hertzens sind / denn sie
werden Gott schawen.] Hie wird vns befoh=
len reinigkeit vnsers hertzens / welche zweien
schendtlichen lastern entgegen gesetzt wird/nem=
lich / der arglistigkeit vnd vnkeuscheit oder für=
witze. Wenn sie gegen der arglistigkeit stehet / so
ist die reinigkeit deß hertzens nichts anders/denn
eine einfeltige auffrichtigkeit / mit welcher wir
mit den leutten redlich vnd offenbarlich / ohne
einige list / rencke / vnd betrug handeln. Ist
derhalben dieser spruch Christi stracks vielen
köpffen entgegen. Denn jhrer viel halten sich
als denn für selig/ wenn sie andere listiglich be=
triegen vnd auffsetzen können/daher sie nicht al=
lein jhren nutz vnd gewin/ sondern auch ein gros
sen rhum vnd namen suchen / wöllen für klug
gehalten sein / vnd streben nach grosser Her=
ren gunst vnd gemeinschafft. Es wil aber Chri=
stus gar nicht das seine Jünger also handeln
sollen / sondern das sie viel lieber mit einfelti=

ger auffrichtigkeit gezieret vnd benüget sein
sollen / auff das das hertz / hand / vnd zunge
gantz vnd gar oberein stimme / vnnd gesinnet sey. Solchen Leuten saget Christus zu /
sie werden Gott schawen / in welchem schaw-
en die höchste Seligkeit stehet. Wenn man
aber des hertzen reinigkeit opponiert vnd setzet gegen der Vnkeuscheit / so ist es eine rechte Keuscheit / welche Paulus eine Heiligkeit
nennet / da er spricht : Jaget nach dem friede vnd der heiligung / ohne welche wird niemand den HErrn sehen. Denn gleich wie Gott
dem fürwitz vnd der vnkeuscheit zum höchsten
feind ist / also hat er hertzlichen lust an der Keuscheit seiner Christen.

[Selig sind die Friedfertigen / denn sie werden Gottes Kinder heissen.] Hie befilhet
Christus seinen Jüngern eine solche tugend /
die man selten findet / vnd doch eine grosse
Tugend ist. Friedfertige sind solche Leute /
die sich / friede anzurichten vnd zu erhalten /
stets befleissigen. Weil nun diese hierinne gar
viel ein andern sinn haben / denn die Kinder
des Sathans / sollen sie Gottes Kinder genennet werden / als die nach dem exempel jres
Vaters im Himel zu friede vnd einigkeit gesinnet / vnd mit solcher jrer liebe vnd fleiß zum
frieden vielen Leuten helffen vnd rhaten / vnd
von denselbigen lieb gehalten werden. Denn
gleich

gleich wie ein köstlicher Balsam mit seinem
lieblichen Geruch ein gantzes Hauß erfüllet / Also kan ein Mann / der zu friede vnd
ruhe geneiget ist / ein grossen hauffen / so vntereinander vneins ist / widerumb vereini-
gen vnd zu freunden machen. Lobet derhalben der Prophet Dauid im hundert zwey vnd
dreissigsten Psalm den fleiß zum friede vnd
zur einigkeit nicht vmb sonst / da er spricht: Sihe / wie fein vnd lieblich ists / das Brüder ein-
trechtig bey einander wohnen. Wie der köst-
liche Balsam ist / der von dem heupt Aarons
herab fleusset in seinen gantzen Bahrt / der herab fleust in sein Kleid. Wie der Thaw / der
vom Hermon herab fellt auff die Berge Sion/
denn daselbst verheisst der HERR leben vnd
segen immer vnd ewiglich. Denn gleich wie
das Erdreich durch den Thaw / vermittels
Göttliches segens / fruchtbar gemacht wird/
Also ist es allenthalben da die Leute zum friede lust haben / da werden reiche vnd glückseli-
ge Policeyen erbawet / Kirchen gestifftet / vnd
die Haußhaltunge gemehret. Widerumb / wo
nicht lust vnd liebe ist zum friede / da ist vn-
fruchtbarkeit vnd dürre / das ist / Jamer vnd
Noth.

[Selig sind die vmb gerechtigkeit willen verfolget werden / denn das Himelreich ist jr.]
Sintemahl das ergerniß des Creutzes vnd

der

der verfolgung die hertzen der schwachen Chri=
sten zum höchsten ansichtet / thut Christus sehr
wol dran / das er die seinem vom creutz erinnert /
auff das sie nicht durch die bitterkeit deß creu=
tzes kleinmüttig gemacht / vnd die Bekendtnis
deß Euangelij hindan setzten / sondern viel mehr
das himelreich / welches jhnen Christus hie für
malet / anschaweten / vnd solches zu erlangen /
durch viel trübsal vnd leiden / sich Bestissen. Sol
len derhalben derer exempel nachfolgen / die in
einem schrancken lauffen / vnd sehen auff das
kleinot das jhnen der Spielherr fürschlegt oder
auffsetzet / darumb sie gar frisch kempffen vnd
lauffen / so lang biß sie das ziel erreichen. Al=
so wil Christus das seine leutte auch thun sol=
len / er wil nicht faulheit vnd tregheit / sondern
einen vnuerdrossenen fleiß zu lauffen / bißsolang
sie zum ziel deß himelreichs gereichen vnd kom=
men. Darnach weil Christus hie nur ein eini=
ge vrsach der verfolgunge setzet / nemlich / die ge=
rechtigkeit / wil er / das wir vnser leben also an=
stellen sollen / darmit wir nicht leiden von we=
gen woluerdienter straffe vnd vnrechter miß=
handlunge. Denn wo diß geschicht / da ist die
verfolgunge ein gebürliche vnd verdiente straffe
vnd nicht ein zeugnis vnserer Bestendigkeit bey
der gerechtigkeit vnd warheit. Vnd der Apo=
stel Petrus vermanet vns auch / das wir nicht
leiden sollen als diebe oder mörder / oder vbel=

theter /

theter/ſondern als gerechte / nach dem exempel
Chriſti/der Propheten/Apoſtel/ vnd vieler hei
ligen Merterer Gottes.

[Selig ſeid jhr/wenn euch die menſchen vmb
meinet willen/ ſchmehen/vnd verfolgen/ vnd re
den allerley vbels wider euch / ſo ſie daran lie=
gen.] Nu legets Chriſtus auß/was da ſey vmb
gerechtigkeit willen verfolget werden/ Wenn ſie
euch ſchmehen ſpricht er/vnbillicher weiſe/wenn
ſie euch verfolgen auß geſchepfftem haß wider
das Euangelium / wenn ſie euch allerley vbels
nachreden vnd verleumbden / vnd doch daran
liegen.Denn wenn ſie war von euch reden / ſo
ſeid jhr nicht ſelig. Wenn jhr von ewer ſünde
wegen müſſet verfolgunge leiden/ ſeid jr drumb
nicht bald ſelig: Denn wie jhener ſpricht/ die
vrſach macht einen Merterer / vnd nicht die
marter oder das blut an ſich ſelber.

[Seid frölich vnd getroſt / es wird euch im
himel wol belohnet werden.] Die Belohnunge
iſt eine erſtattunge deß gehorſams den man
Gott in der verfolgunge hat geleiſtet. Es
wil Chriſtus in dieſem ſpruch nicht lehren/
als verdienten wir durch das creutz den hi=
mel / denn der himel iſt das erbe ſeiner Kin=
der / ſondern reizet vns viel mehr zu Chriſt=
licher erduldunge deß creutzes / mit vorgeſtel=
ter güttigkeit ſeines himliſchen Vaters / wel=
cher vns die Belohnunge aller vnſer arbeit die
wir

wir hie in diesem zeitlichen leben ertragen müs=
sen/zusaget vnd verheisset. Welche Belohnunge
oder vergeltunge gegründet ist/ vnd stehet im
Creutz vnsers HErrn Jhesu Christi/ welchem
mit dem Vater vnd heiligem Geiste sey
ewiges lob/gewalt vnd krafft/ von
ewigkeit zu ewigkeit/
Amen.

ENDE.

propItIVs sIo popVLo tVo DoMIne 156[illegible]
DeVs propItIVs nostrI MIsereatVr et nos LIberet 1570.

QVI perseVeraVerIt VsqVe aD fInem SaLVVs erIt
1589

TIbI CherVbIn et SeraphIn IncessabILI Voce proCLaMant. MCCCCCXV

Leipzig

Bey M. Ernesto Vögelin.

M. D. LXV.

Bedn

Nulla in discendo mora est [illegible]
Sanctus Doctor [illegible]

Wie der [illegible]
so kan man [illegible]